超大城市基层治理
创新论文集

鄂振辉 ◎ 主编

中国社会科学出版社

图书在版编目(CIP)数据

超大城市基层治理创新论文集 / 鄂振辉主编 .—北京：中国社会科学出版社，2022.1

ISBN 978-7-5203-9628-8

Ⅰ.①超… Ⅱ.①鄂… Ⅲ.①城市管理—北京—文集 Ⅳ.①F299.271-53

中国版本图书馆 CIP 数据核字(2022)第 014973 号

出 版 人	赵剑英
责任编辑	梁剑琴 郭如玥
责任校对	李 莉
责任印制	郝美娜

出 版	中国社会科学出版社
社 址	北京鼓楼西大街甲 158 号
邮 编	100720
网 址	http://www.csspw.cn
发 行 部	010-84083685
门 市 部	010-84029450
经 销	新华书店及其他书店

印刷装订	北京君升印刷有限公司
版 次	2022 年 1 月第 1 版
印 次	2022 年 1 月第 1 次印刷

开 本	710×1000 1/16
印 张	9.5
插 页	2
字 数	157 千字
定 价	58.00 元

凡购买中国社会科学出版社图书，如有质量问题请与本社营销中心联系调换
电话：010-84083683
版权所有 侵权必究

前　　言

习近平总书记在党的十九大报告中强调，要推动社会治理重心向基层下移，把基层党组织建设成为领导基层治理的坚强战斗堡垒。中共北京市委深入贯彻党的十九大精神，深入贯彻习近平总书记对北京重要讲话精神，积极探索党建引领基层治理体制机制创新，2018年，在总结"平谷经验"的基础上，将其提升为"街乡吹哨、部门报到"并作为全市"一号改革课题"，在16个区169个街乡进行试点。2018年11月14日，中央深化改革委员会（以下简称"深改委"）第五次会议审议通过了《"街乡吹哨、部门报到"——北京市推进党建引领基层治理体制机制创新的探索》，得到了中央深改委会议肯定。2019年，北京市委继续推进党建引领"街乡吹哨、部门报到"改革，坚持"以人民为中心"的发展思想，坚持民有所呼、我有所应，进一步深化群众诉求"闻风而动、接诉即办"工作，满足市民对城市生活便利性、宜居性、多样性、公正性、安全性的需要，不断增强人民群众的获得感、幸福感、安全感。

北京市委要求，要深化对"街乡吹哨、部门报到"（以下简称"吹哨报到"）改革的研究，形成理论成果。2018年以来，北京党校系统有30多位教师积极主动地到基层一线、到改革前沿调研，从党建、公共管理、政治学、社会学、法学等多学科围绕"街乡吹哨、部门报到"改革创造性地开展了理论研究，体现了"市委有所呼、党校有所应"，切实发挥了党校作为党和政府研究机构的作用。同时中共北京市委党校（北京行政学院）在校内外围绕"街乡吹哨、部门报到"改革多次召开理论研讨会。为此，我们编撰论文集，收录北京党校系统教师的研究成果，收录历次理论研讨会校外专家的研究成果，以记录北京市探索党建引领基层治理体制机制创新的过程。

目 录

探索基层治理规律，坚持党建引领

党领导城市基层治理的有效途径 …………………… 李君如（3）
探索简约高效的超大城市基层治理体制
　　——对北京市党建引领"街乡吹哨、部门报到"
　　　实践探索的思考与建议 ……………………… 丁元竹（8）
街道赋权：首都城市基层治理的新趋势 …………… 杨宏山（11）
探索新时代首都基层治理规律 ……………………… 黄江松（16）
超大城市基层治理的北京经验 ………… 谈小燕　杨嘉莹　营立成（22）
新时代基层治理的实践探索与创新研究
　　——党建引领"街乡吹哨、部门报到" ……… 周悦丽　金若山（29）
关于深化"街乡吹哨、部门报到"改革应处理好五个
　　关系和三点具体建议 …………………………… 吴　军（36）
"街乡吹哨、部门报到"：党领导基层社会治理的
　　北京实践 ……………………………… 鄢爱红　孔祥利（42）
充分发挥"街乡吹哨、部门报到"机制在新时代首都
　　乡村治理体系中的作用 ………………………… 周美雷（48）
构建"街乡吹哨、部门报到"常态化机制
　　………………………………… 邱　锐　赵恩国　毛初颖（54）
构建"党领共治"的基层治理体系 ………………… 鄢爱红（61）
党建如何引领"街乡吹哨、部门报到" ……………… 张玉宝（67）

探索基层治理规律，坚持以人民为中心

以人民为中心：推进党建引领"街乡吹哨、部门报到" … 杨　奎（75）

民有所呼、我有所应：深化党建引领"街乡吹哨、
　　部门报到"机制研究 ………………………………… 刘欣葵（78）
践行以人民为中心的发展思想，以"街乡吹哨、
　　部门报到"助推首都城市更新 ……………… 尹德挺　营立成（82）
人民有所呼　政府有所应 ………………………………… 乔银娟（86）

探索基层治理规律，坚持以改革为动力

从"街乡吹哨、部门报到"改革看基层治理之道
　　——首都党领导基层治理改革的实践探索和理论启示 … 曾业松（93）
"街乡吹哨、部门报到"机制的完善与建议 ……………… 余凌云（98）
完善基层行政执法体制的几点思考 ……………………… 王万华（102）
深化街乡基层治理组织管理体制的思考 ………………… 金国坤（105）
推进"街乡吹哨、部门报到"制度化、规范化 ………… 傅　强（110）
关于党建引领"街乡吹哨、部门报到"改革三个关键
　　问题的研究与思考 ……………………………… 王　清（115）
西城区"街乡吹哨、部门报到"的实践与思考 ………… 牛艳艳（119）
推进基层治理体系与治理能力现代化的理论与路径探讨
　　——基于北京党建引领"街乡吹哨、部门报到"改革的
　　　　分析 …………………………………………… 杨　旎（126）
下移执法重心到基层　实体化运行两级综合执法中心的
　　实践与思考 ……………………………………………………
　　　　东城区委党校、东城区城市管理综合行政执法监察局联合课题组（133）

探索基层治理规律,坚持党建引领

党领导城市基层治理的有效途径

李君如

北京市创造的党建引领"街乡吹哨、部门报到"改革的新鲜经验，以务实创新的精神，开创了党领导城市基层治理的有效途径，回答了党在城市基层怎么加强对一切工作的全面领导，反映了新时代城市基层党建的新要求新特点。党建引领"街乡吹哨、部门报到"的务实创新，对于我们在城市基层全面加强党的领导、有效推进社会治理体系和治理能力现代化、坚持"以人民为中心"全面从严治党，并使这三方面有机结合起来，具有重大的实践创新和理论创新意义。

一 加强党对城市基层一切工作全面领导工作机制的务实创新

"街乡吹哨、部门报到"这八个字很形象，内涵十分丰富，是在城市基层加强党对一切工作全面领导工作机制的务实创新。

"坚持党对一切工作的领导"，是党的十九大提出的要求。这里讲的"一切工作"，十九大明确指出在条线上包括"党政军民学"，在地域上包括"东西南北中"。也就是说，党对"条条"和"块块"都要加强领导。党对"条条"的领导主要是通过党对"条条"中的党组、党委的领导来实现的；党对"块块"的领导主要是通过党对地方党委和基层党组织的领导来实现的。但是，"条条"和"块块"之间的关系怎么处理，是一个需要进一步探索的问题。北京市在城市基层的实际工作中碰到了这个问题，这就是作为"块块"的街乡是城市治理的枢纽，许多难题都要他们去面对和解决，但其中许多问题解决的权力却不在"块块"，而在"条条"。特别是面对拆除违建、整治违法经营和环境污染等问题时，"块块"

既没有执法权,又没有调度各执法部门的权力。北京市在试点和推进党建引领"街乡吹哨、部门报到"改革的实践中,授权作为"块块"的街乡党组织在一定范围有"吹哨"的权力,这不仅理顺了"条条"和基层"块块"之间的关系,而且创造了以"块块"为基础加强党对一切工作全面领导的新经验,即在一定的授权范围内,城市基层由"块块"党组织"吹哨"来集结"条条"党组织和"块块"区域内所有单位党组织以及党员的力量,在"块块"党组织统一领导下解决城市基层治理难题的新鲜经验。

这一经验的重要意义,是实践和丰富了十九大提出的"党政军民学,东西南北中,党是领导一切的"这一新时代坚持和发展中国特色社会主义的基本方略,使之在城市基层党对一切工作的领导更加具体化、更加立体化、更加机制化。

二 推进党领导城市基层社会治理体系和治理能力现代化的务实创新

在中国特色社会主义新时代,全面加强党对一切工作的领导已经同完善和发展中国特色社会主义制度,推进国家治理体系和治理能力现代化有机地结合在一起。这就要求我们在城市基层党建工作中,从中国城市基层的实际出发,把城市基层党建和城市基层社会治理更加紧密地结合起来,探索建构党领导下的城市基层社会治理体系和治理能力现代化的有效途径。

城市基层社会治理已经成为新时代完善和发展中国特色社会主义,推进国家治理体系和治理能力建设的主阵地。2011 年中国城市人口第一次超过乡村人口,如何加强城市基层社会治理,提高城市基层社会治理能力,理应提到重要的议事日程。根据国家人口统计资料,2018 年末,中国内地总人口已经达到 139538 万,城镇化率为 59.58%。也就是说,城镇常住人口为 83137 万,加上农村和城市之间的流动人口 2.41 亿,在城镇就业和生活的人口达到 10 亿多。北京市 2018 年末总人口为 2154.2 万人,城镇化率为 86.5%,即城镇常住人口已经达到 1863.4 万人。这些数据告诉我们,在落实党的十八届三中全会提出的全面深化改革的总目标,推进国家治理体系和治理能力现代化、完善和发展中国特色社会主义制度的进程中，加强和完善城市基层社会治理已经成为国家治理的主阵地。

城市基层党建已经成为推进新时代党的建设新的伟大工程的重点，城市基层党建具有与乡村基层党建不完全相同的复杂性。由于我国城镇化率已经达到59.58%，城市党员人数估计已经达到党员总数8956.4万人的60%—70%，即5400万—6300万人。北京市党员总数209.5万人，全市人口城镇化率为86.5%，城市党员人数按90%比例计算也应该超过188万人。这种情况表明，抓好城市基层党建已经成为新时代党建工作必须认真对待、深入研究的重大课题。事实上，城市基层党建不仅数量庞大而且党员的基本情况要比乡村更为复杂。回顾我们党的历史，从红军时代开始，到新中国成立后，我们的基层党组织主要是建在单位。改革开放以来，伴随着公有制为主体、多种所有制经济共同发展的基本经济制度的形成，特别是伴随着劳动力流动等新情况的出现，党的建设特别是基层党组织的建设出现了许多前所未有的新情况。这种新情况，更多地体现在城市基层党建工作中。在城市，党员的工作单位和生活社区具有二元化的一般特点。这和乡村大多数党员的工作单位和生活社区是同一的，很不一样。这种情况使得单位党组织很难了解和掌握党员的全部表现，有的时候甚至存在党组织和党员失联的情况。长期以来我们对乡村基层党建已经形成了一整套相当完整的经验，而对城市特别是改革开放后的城市基层党建还缺乏完整的成熟的经验。在中国特色社会主义新时代，我们要实现党对一切工作全面领导的要求，应该把党建工作的重点转移到城市，探索城市基层党建工作的规律，这是大势所趋。

城市基层党建要和城市基层社会治理更加紧密地结合起来，才能在加强城市基层党建的进程中推进城市基层社会治理。北京市委这两年在加强城市基层党建和城市基层社会治理的实践中，出台了《关于加强和改进城市基层党建工作的意见》和《关于党建引领街乡管理体制机制创新实现"街乡吹哨、部门报到"实施方案》等文件。这些文件及在这些文件指导下推进的实践，给我们提供了通过加强城市基层党建来引领和推进城市基层社会治理，又通过推进城市基层社会治理来加强城市基层党建的好经验。

北京市把加强党对街乡工作的领导和推进街道管理体制改革结合起来，有三个值得高度重视的务实创新做法和经验：一是根据城市基层工作的要求和城市党员的构成特点，为街乡制定职责清单，全面取消了城市基层党组织不应该承担的招商引资、协税护税等职能。二是在推进"街乡吹哨、部门报到"的同时，拓宽"吹哨报到"的参与范围，调动了驻区单位的党组织和党员以及各方面社会力量，使得街乡党组织可以调动最广大的力量来加强城市基层社会治理。三是以城市基层党建来引领城市基层社会治理，把加强基层党的建设、巩固党的执政基础、提高人民群众生活质量作为贯穿社会治理和基层建设的一条红线。这样就克服了城市基层党建工作和城市基层社会治理"两张皮"的现象，在增强党对城市基层社会治理能力的同时加强了城市基层的党建工作。

三 在城市基层坚持"以人民为中心"全面从严治党的务实创新

习近平总书记在论述坚持和发展中国特色社会主义的基本方略时，第一条强调要"坚持党对一切工作的领导"，第二条强调要"坚持以人民为中心"，这两条基本方略必须同时并重而不能厚此薄彼或顾此失彼。越是强调党对一切工作的全面领导，越要坚持以人民为中心的思想。毛泽东当年在提出"工、农、商、学、兵、政、党这七个方面，党是领导一切的"思想时，特别强调要注意我们党的干部队伍问题，指出："党内并不纯粹，这一点必须看到，否则我们是要吃大亏的。"因此，在城市基层加强党的全面领导时，要更加自觉地坚持"以人民为中心"的思想，更加自觉地坚持全面从严治党。

北京市创造的党建引领"街乡吹哨、部门报到"改革的成功经验，把推进城市基层党建和完善城市基层社会治理紧密地结合起来，也就从机制上把城市基层党建和人民群众最关心的民生问题直接联系了起来。这对于贯彻落实"以人民为中心"全面从严治党的思想，是一个有力的举措。事实上，这一改革举措既推动了"条条"的党组织和党员转变了作风，也推动了"块块"的党组织和党员转变了作风，党和群众的关系更加密切，党的执政基础更加坚实。在这个意义上，我们可以说党建引领"街乡吹哨、部门报到"的改革，是坚持"以人民为中心"全面从严治党的务实创新。

但是，这并不等于说我们可以放松管党治党了，相反，如果在紧密结合城市基层社会治理加强党的建设时，享有"吹哨报到"权力的街乡党组织以为有权就有了一切，或者对人民群众官气十足、颐指气使，或者遇事推诿、久拖不决，不仅会影响"条条"和"块块"的关系，而且会影响党在群众中的形象，将会产生严重的恶果。所以，我们在推进"吹哨报到"改革时，必须进一步领会和坚持习近平新时代中国特色社会主义思想，毫不动摇地贯彻"以人民为中心"的思想，坚持不懈地推进全面从严治党。我们应该有也必须有这样的马克思主义清醒和思想政治上的自觉。

［李君如，原中共中央党校（国家行政学院）副校长］

探索简约高效的超大城市基层治理体制
——对北京市党建引领"街乡吹哨、部门报到"实践探索的思考与建议

丁元竹

党的十八大以来，习近平总书记四次视察北京，明确北京城市发展定位，提出要解决好特大城市的"顽症痼疾"，指明首都治理的发展方向。根据习近平总书记和党中央的战略部署，北京市委、市政府推动党建引领"街乡吹哨、部门报到"的探索实践，深化街乡体制改革，在提升特大城市治理水平方面取得显著成效。

一是赋权街乡奠定管理重心下移的组织基础，明晰街道的职能定位。基层人民的美好生活是国家建设美好社会的基础。基层是一个区域和区位，也是一个生活共同体。互联网赋予基层社会新的内涵。超大城市治理的复杂性、多元性及其治理中的问题，要求城市基层治理的核心主体——街道必须权责明确、权责一致，并拥有与其职责相匹配的管理资源，以保障其履行职责。探索推行街道的"大部制"改革，通过整合街道党工委、办事处的内设机构，分别对应街道职责清单，打破与政府职能部门的对口设置等，努力实现街乡机构设置与基层治理任务紧密结合，推动管理资源向基层延伸。

二是在多网融合过程中注重与"街巷长制""小巷管家"、综合执法平台建设等工作协同推动，注重拓宽居民参与渠道，丰富网格化工作形式，促进共建共治共享在实践中落地，初步形成多元一体化运行和覆盖城乡的社会治理综合信息体系。

三是以完善的考核评价体系推进街道及政府部门做实事创实绩。基层考核评价制度作为政府管理的"指挥棒"，是实施政府绩效评估，树立事业导向、政绩导向的重要手段，影响着政府各部门管理的工作方向，也是

政府各部门具体工作的指南，以经费使用的自主性保障服务基层能力提升。北京市以合理的薪酬待遇确保社区工作者专心做事和规范管理。在明确提高社区工作者待遇的同时，不断提高社区工作者职业化、专业化水平和服务市民群众的能力，强化社区工作者的规范管理，将薪酬待遇的提升转化为人力资源的提升，着重提升其专业服务能力水平。

党建引领"街乡吹哨、部门报到"开启了超大城市基层治理的新实践，还需要在发展中不断完善，尤其在互联网时代，要结合信息技术进步探索提升超大城市简约高效治理体制的新路径。为此提出以下几点建议。

一是进一步完善政府政务服务平台，提升各级政府反应和处置能力。大数据时代，如何提高使用互联网提供的无限空间解决社会问题的能力？这便是社会治理水平和能力的提升过程。具体来说，如何利用这一前景良好的新科技促进社会融合和维护社会秩序？如何发展这一新技术加强社会建设、社会反馈，发现社会议题和公共议题？如何利用高速、廉价的通信手段加强已淡化的组织联系，而不是沉溺于"虚拟社会"的虚幻影像？简而言之，如何使大数据成为解决社会问题的手段恰恰是大数据时代完善社会治理体制机制需要考虑的。政府政务服务平台是政府部门与公众、企业沟通联系的网络体系和网络平台。网络平台的资源是人际关系和数据分析能力。提高政府机构工作效率、工作水平和履职能力，解决官员不作为、乱作为和提升居民获得感等问题，需要在互联网基础上探索建设网络政府、平台政府和"政府—公众朋友圈"，实现政府流程再造，提升政府服务和治理水平。政府平台通过政府的网络体系和网络平台把公务人员、居民、企业家直接联系在一起，居民通过网络接受政府机构、社会组织和企业家的服务，对政府机构、官员和企业直接进行评价，监督部门通过网络平台检测系统对官员、公众行为和企业行为进行监督评价，开展信誉定级并测算其工作效率。政府平台的建立实现了政府流程再造，提高了政府效率，实现习近平总书记2014年在中央党校举办的省部级主要领导干部学习贯彻党的十八届三中全会精神专题研讨班上的讲话中所要求的提高国家机关履职能力和水平这一目标。这需要，第一，改革和创新电子政务平台；第二，打通部门之间分割的信息平台，充分利用互联网大数据整合和分析优势。

二是推动移动互联网与云计算技术在行政领域的融合，重塑政府、市场、社会之间的关系，强调各行政部门权力与责任的划分，推动政府行为透明化。在网络服务平台上,各业务部门要在平台上做好政务信息公开,梳理规范权力事项与权力责任运行清单,实现权责一致,持续推进简政放权。综合部门通过云平台协同各业务部门,参与制定发展规划,优化配置资源。企业、社会组织、个人通过网络工具参与公共决策互动,对政府行为进行全面监督。

三是大数据和人工智能的快速发展要求创新决策模式,实现从经验决策到数据驱动决策转变。传统的决策模式是"提出问题→依据知识→解决问题",也就是根据"知识和经验"找出问题的思路,在互联网环境下,要学会直接用数据(无须把"数据"转换成"知识")解决问题,这就要求在保证企业信息安全的前提下,政府政务服务平台与网络企业能够形成一定程度的信息共享。最好的决策首先是正确的决策。正确的决策需要尊重民意,也需要政府的理性判断,是二者的有机统一。实现社会治理现代化,政府决策必须尊重民意,将民众的感性诉求与政府长期实行的理性决策有机结合起来,真正实现决策民主化、科学化和法治化。

四是现代基层社会建设既要关注人与人之间的熟悉关系,也要培养人们之间的契约意识,而不仅仅是恢复传统基层社会的原貌。在现代基层社会,鼓励基层居民参与基层社会生活极为重要,立法部门不仅要善于立法,更要善于执法,这不仅是维护法律的严肃性,也是培育健康社会环境不可或缺的手段。

五是基层社会体制改革的核心任务就是要激发基层人民的参与热情。法律法规要得到有效执行,必须首先让基层人民理解法律精神,自觉维护法律权威。为此,必须让基层人民参与制定政策的全过程。乡规民约是基层治理的基本规则,必须引起足够的重视,在实际工作中要把乡规民约的制定作为一件大事来抓。提升居民的契约意识、审美品位、处世待人等方面都是现代基层社会建设不可或缺的要素。

中国社会的转型压力不会简单地随着经济增长或民生条件改善而消失,要消除这种压力,还必须提高公民自身的治理能力和水平,在经济发展进入新常态的情况下,更是如此。我们期待着北京市党建引领"街乡吹哨、部门报到"的实践探索在新形势下勇于创新,用心凝聚以共同价值为基础的社会认同,进一步深化改革,不断取得新的更大的成就。

[丁元竹,中共中央党校(国家行政学院)社会和生态文明教研部教授]

街道赋权：首都城市基层治理的新趋势

杨宏山

北京作为首都，在城市治理中需要把握好"都"与"城"的关系，坚持以"首都"为第一定位，坚持首善标准，全面提升城市品质，建设国际一流的和谐宜居之都。近年来，北京市委、市政府紧紧围绕"首都"定位，坚持全面深化改革，坚持以人民为中心，在发展中保障和改善民生，致力于提升城市精细化管理能力。

针对城市基层治理面临的现实困难和挑战，北京市基于问题导向，为化解城市基层治理难题探索了新路径。2018年年初，北京市委提出构建党建引领"街乡吹哨、部门报到"工作机制的"一号改革课题"，在全市各区同步开展政策实验。持续深入推进与构建"街乡吹哨、部门报到"工作机制，把脉城市基层治理困境，需要总结"吹哨报到"改革经验，进一步推进街道赋权改革。

一 北京城市基层治理面临的挑战

在城市治理体系中，街道是最基层的组织单元和公共服务载体，在公共服务和社会治理中发挥着重要作用。20世纪90年代以来，北京市推进属地管理，街道承担的职责不断增加，城市基层治理面临一些现实难题。

街道开展工作面临"有限资源、无限责任"挑战。在现行"两级政府、三级管理"体制下，街道办事处承担了广泛的行政职责。在这种情况下，街道办事处需要应对辖区内所有问题。然而，街道工作缺少法律授权，基层政府对街道的行政授权有限，街道的职责和职权配置存在不对称的问题，因此基层治理普遍面临"有限资源、无限责任"难题。

街道履行工作职责面临"条块分割、协同不力"难题。城市基层治理要求以人为本，各部门互相协调、互相配合，及时发现问题、处置问题和化解问题。在现行城市基层管理体制下，街道承担着属地管理、综合管理职责，但在工作中缺少有力抓手，难以有效调动区职能部门履行各自职责。

街道行政编制资源有限，编外人员管理有待规范化。在现有编制管理制度约束下，街道的行政事业人员编制有限，为了完成工作任务，不得不聘用大量编外人员。根据调研了解的情况，街道聘用的协管人员是行政事业编制人员的两倍至三倍。另外，区职能部门派驻街道的机构也聘用了一定数量的协管人员。协管人员实行分散招聘，日常管理和薪酬待遇不统一，亟待推进规范化管理。

二 街道赋权：北京城市基层治理的新经验

针对上述挑战，北京市委提出构建"街乡吹哨、部门报到"工作机制，在全市范围内开展政策试验。这一改革坚持党建引领，进一步推进向街道赋权，提升统筹协调能力，取得了较为明显的成效。

"吹哨报到"改革主要涉及以下几个方面：

一是加强党对城市基层治理的领导。北京市将城市基层治理纳入党委重要议程，根据区委授权，街道党工委领导本地区基层治理的各项工作，发挥总揽全局、协调各方作用。涉及基层治理的重大事项、重点工作、重要问题，由街道党工委讨论决定。

二是向街道下放部分行政权力。北京市委组织部印发《关于落实街道乡镇相关职权的指导意见》，推进向街道下放部分行政权力。具体包括：辖区内设施规划、建设和验收的参与权；辖区内重大事项和重大决策的建议权；辖区内联合执法的指挥调度权；对驻扎街道派出机构的考核评价权；对涉及多部门综合性事项的统筹协调和考核督办权；对街道资金、人员的统筹管理和自主支配权。

三是推进基层城市管理综合执法改革。一方面，北京市推进城管行政执法权限和力量下沉，基层城管执法队的人财物管理权转隶街道，街道可全权指挥调度。另一方面，在街道层面推进综合执法，扩大城管执法队的执法范围，以城管执法队为主体，协调公安、工商、食药、交通、消防等部门，构建"1+5"综合执法模式。

四是推进街道内设机构大部门制改革。为提高编制资源利用效率，东城区率先开展大部门制改革试点，统一设置6个部、1个综合执法队、4家事业单位。随后，东城区在全区开展街道内设机构改革，打破科室壁垒，以大部门为单位，统筹使用编制资源。

五是推进基层考核评价体系改革。过去，区政府各职能部门都向街道布置任务，并开展考核评价，街道的大量精力用于完成区级职能部门交办事项。为扭转这一状况，北京市由区委区政府统一组织对街道工作的评价，职能部门不再单独对街道进行考核评价。同时，赋予街道对驻区单位考核评价权，考评结果在被考核部门的绩效权重中占有一定比例。

三 "X"形结构：城市基层治理的新形态

在强化属地责任的背景下，如何提升区职能部门的回应性，促使各部门协同运作，是当前城市基层治理面临的一个重要课题。与职能部门相比，街道更贴近社区和居民，更了解基层治理的现实问题。北京市提出构建"街乡吹哨、部门报到"工作机制，其目的就是要重塑条块关系，强化"块块"对"条条"的统筹协调作用。

"街乡吹哨、部门报到"改革通过扩大街道的统筹协调权，强化了"块块"对"条条"整合力度，提升了基层难题的化解能力。随着改革的推进，首都城市治理形成了一种"X"型结构：街道处于中心位置，其向下对接各个社区，向上对接相关职能部门。街道通过居委会、居民、网格员、社区专员感知社区需求，发现和识别社区问题；对于自身无法解决的问题，街道通过"吹哨"机制，由区级平台驱动，传导给主责单位，相关部门前来"报到"，履行分内职责。对于涉及多部门的基层治理难题，街道根据需求建立联合行动机制，在第一时间控制事态、化解矛盾和问题。

观察近年来城市基层治理的改革探索，可以看到一种新型治理模式正在形成。即"街道赋权，条专块统"模式。针对"条块分割、协同不力"问题，"街道赋权、条专块统"以满足公共需求为导向，以综合组织为载体，通过组织再造、流程再造、机制创新、技术应用等手段，化解过度分工带来的"碎片化"问题，克服政府内部的部门主义、各自为政等弊端，促使公共部门从分散走向整合，从碎片走向整体，为社区居民无缝隙提供公共服务。

"街道赋权，条专块统"模式通过街道赋权，赋予其对区域内事务的统筹协调和指挥调度权，减少了多头管理和推诿扯皮现象。促使区职能部门提升回应性，提高了问题处置效率，改进了社区公共服务。

四 全面深化"街乡吹哨、部门报到"改革的建议

深化"街乡吹哨、部门报到"改革，既要总结改革成效和经验。也要坚持问题导向，进一步改进制度安排，全面提升城市基层治理能力。

第一，总结"街乡吹哨、部门报到"改革经验，提炼城市基层治理的"北京经验"。"吹哨报到"改革通过对街道进行赋权增能，提升基层治理的统合能力，产生了良好的治理效果。这一改革得到中央肯定和社会各界好评。目前，关于"吹哨报到"改革的报道较多，但对改革经验的提炼有待深化，有必要识别关键要素，提炼"北京经验"，进一步凝聚共识，提升首都城市基层治理创新的影响力。

第二，加快街道工作立法，推进改革成果制度化。随着城市基层治理强化属地管理责任，街道的行政职责越来越多。为巩固"吹哨报到"改革成果，有必要通过地方立法的方式，制定《北京市街道办事处条例》，进一步推动街道赋权，将实践证明行之有效的好机制纳入正式制度之中，明确规定街道办事处的职能范围和工作制度，进一步规范街道和区职能部门的关系。

第三，建立区级"吹哨报到"平台，提升化解城市基层问题的能力。目前，"吹哨报到"机制主要应用于行政执法、应急处置、重大任务等事项。从运作情况看，通过该机制解决基层问题的数量还比较少。为提升"吹哨报到"机制的成效，有必要搭建区级平台，将街道上报问题汇聚到平台上来，定期诊断，列入统筹议程。不同街道面对的治理难题不同，在时效上也有急缓之分，需要统筹兼顾，合理安排资源，排出优先顺序。当街道与区职能部门对接工作出现问题时，也需要区级平台进行协调和督导。

第四，加大对街道工作的激励制度，强化街道对驻区单位的考核评价权。一方面，在干部任用中，需要加大从街道选拔干部的力度，加大街道与职能部门和国有企事业单位之间的干部交流力度。另一方面，要改进基

层工作的考核评价体系，尽可能减少区职能部门对街道的考核评价。同时，强化街道对区职能部门、驻区单位的考核评价，重视考核评价结果运用，更有效发挥引领作用。

第五，推进区级机构大部门制改革，为街道与区职能部门对接工作提供便利。一些试点街道反映，街道大部门制改革后，由于区级机构没有及时开展相应改革，试点街道的同一部门需要对接多个职能部门，有时连安排领导参加会议都排不开。化解这一问题，有必要推进区级党政机构大部门制改革，推进简政放权，减少一般性的工作会议。

第六，适当增加街道行政事业编制，规范协管人员队伍管理。随着城市管理重心下移，有必要同步推进市、区两级行政事业编制结构性调整，适当增加街道行政事业编制，缓解街道编制资源紧张状况。同时，也要改革公共服务供给机制，推进政府购买社会服务。协管人员队伍已经成为首都城市基层治理的一支重要力量，有必要摸清底数，制定专项政策，进行总量控制，健全管理制度，完善工资待遇和福利保障，提升人力资源管理规范性。

第七，推进政府向社会赋权，更好地发挥社会力量的作用。改进首都城市基层治理，除了政府向街道赋权外，也要推进政府向社会赋权，形成"双重赋权"格局。为此，需要更好地发挥社会力量的作用，保障利益相关者的参与权利，激发社会力量参与社区建设的能力和活力，促进多元主体在对话中协调立场，在沟通中增加公共利益，提升社区居民的参与感、获得感和满足感。

[杨宏山，中国人民大学公共管理学院副院长、教授]

探索新时代首都基层治理规律

黄江松

习近平总书记在中央城市工作会议上指出,做好城市工作,首先要认识、尊重、顺应城市发展规律。北京"街乡吹哨、部门报到"改革实施一年多就赢得社会各方一致好评,归根结底在于这项改革既尊重并顺应了超大城市基层治理的一般规律,又探索了北京作为社会主义大国首都的特殊规律;既继承以往北京基层治理的规律,又结合新情况新要求探索新时代首都基层治理规律。

一 "街乡吹哨、部门报到"改革揭示了新时代首都基层治理规律

"吹哨报到"改革体现了多元共治的基层治理要求。习近平总书记强调,要完善基层群众自治机制,调动城乡群众、企事业单位、社会组织自主自治的积极性,打造人人有责、人人尽责的社会治理共同体。市民是城市建设、城市发展的主体,要尊重市民对城市发展决策的知情权、参与权、监督权,鼓励企业和市民通过各种方式参与城市建设管理。只有让全体市民共同参与,把市民和政府的关系从"你和我"变成"我们",从"要我做"变成"一起做",才能真正实现城市共治共管、共建共享。"吹哨报到"调动驻区单位和社会力量共建共治,发动社区群众自我管理自我服务。通过政府购买服务、公益服务品牌创建等方式,用好新兴领域治理资源,发挥新型经济组织和社会组织在基层治理中的作用。通过议事厅、恳谈会、理事会等方式听民声汇民意集民智,拓宽群众参与渠道。招募2.3万余名热心居民担任"小巷管家",培育志愿服务品牌,涌现出"朝阳群众""西城大妈""石景山老街坊"等一批具有影响力的群众

组织。

"吹哨报到"改革体现了党建引领的中国特色治理要求。习近平总书记对基层党组织建设作出重要指示，中国特色社会主义大厦需要"四梁八柱"来支撑，党是贯穿其中的总的骨架，党中央是顶梁柱。同时，基础非常重要，基础不牢，地动山摇。对基层组织来说，上面千条线，下面一根针，必须夯实基层。基层社会治理的主体是人民群众，党是基层社会治理主体的领导核心和主导力量。党的领导就是在更大范围、更宽领域、更深层次上让人民群众广泛参与社会治理。党领导基层治理不是大包大揽，而是组织好各类组织、人民群众参与到社会治理中来，激发社会治理活力，防止出现"政府干、群众看"的现象。北京是国家首都、全国政治中心，做好"四个服务"是北京的职责所在。为更好地履行"四个服务"职责、推进基层治理体系和治理能力现代化，要更自觉地坚持党建引领，将首都的政治优势、资源优势、组织优势转化为基层治理的优势。"吹哨报到"改革以党建引领整合带动体制内其他单位和体制外力量，不断拓展"报到"服务的参与面。搭建共建平台，建立区、街乡、社区三级党建协调委员会，吸纳区域内有代表性的机关企事业单位，特别是央属机构，新型经济和社会组织党组织负责人参加，定期研究解决共同关心的重要事项。建立资源、需求、项目"三个清单"，实行属地和驻区单位双向需求征集、双向提供服务、双向沟通协调、双向评价通报"四个双向"机制，越来越多的中央企事业单位主动打开"院门"参与辖区治理。推动在职党员"报到"为辖区服务、为群众服务。

"吹哨报到"改革体现了以街道为枢纽的体制机制改革要求。习近平总书记多次强调，要调整和完善不适应的管理体制机制，推动管理重心下移，把经常性具体服务和管理职责落实下去，把人财物和责权利对称下沉到基层，把为群众服务的资源和力量尽量交给与老百姓最贴近的基层组织去做，增强基层组织在群众中的影响力和号召力。近几年，北京处于城市转型期，城市功能定位、发展方式、发展动能、城市管理方式都发生深刻转型，而街道管理体制机制与落实首都城市战略定位、履行"四个服务"首都职责的要求相比，与建设国际一流的和谐宜居之都、满足人民群众的美好生活需要相比，还有很多不适应的地方。具体表现在：街道职能定位不清、职责无限膨胀、权责不对等、街道办事处统筹手段欠缺、街道内设机构过多过细、协管员队伍不断膨胀等问题。"吹哨报到"改革紧扣北京街道管理体制机制存在的堵点、痛点、难点，直面问题，不绕道走，为提高基层治理体系和治理能力现代化水平提供了重要支撑。

"吹哨报到"改革体现民有所呼、我有所应的机制创新要求。习近平总书记始终强调以人民为中心的思想，强调我们党就是为人民服务的政党，为民的事没有小事，要把群众大大小小的事办好。要创新为民谋利、为民办事、为民解忧的机制。基层治理坚持以人民为中心的思想就是要做到民有所呼、我有所应，以市民最关心的问题为导向，建立健全服务群众响应机制，着力办好群众家门口的事。"吹哨报到"改革注重推动街乡干部走进群众、贴近群众，看清治理堵点，感受百姓痛点，使"吹哨"更快更准、更有针对性。目前，已选派街巷长1.5万名，深入北京大街小巷，随时随地出现在群众身边，办好群众家门口的事。建立专职社区专员制度，社区专员是"吹哨报到"工作在社区的指导员、宣传员。对媒体曝光的问题和12345热线反映的问题，做到闻风而动、接诉即办。

"吹哨报到"改革体现了充分运用高科技的现代治理要求。党的十九大报告强调，要善于运用互联网技术和信息化手段开展工作。目前，首都基层治理面临很多难题，而高科技的蓬勃发展，为解决这些难题提供了新手段和新机遇。针对社区动员难、社会参与不足、社区治理不精细等问题，北京"吹哨报到"运用"互联网+"创新社会动员模式，实行社区精细化管理，以党建引领基层治理。北京市丰台区方庄地区运用微信群"掌上四合院"创新"街乡吹哨、部门报到"，解决了社区参与不足的问题，实现了居民与政府部门的零距离沟通。方庄地区建了223个居民群，近七成居民已进入自己所居住楼栋的微信群，居民在群里反映和参与日常公共事物。微信群收集的居民信息，一键上报至地区办事处信息处理平台，由地区工委分析研判并进行社区、街道和区的三级处理。"掌上四合院"一定程度上促进邻里互助，改善了干群关系，增加了社会资本，有利于政府与社会、居民与居民以及社区与辖区单位的良性互动。

"吹哨报到"改革体现了文化导入的社区共同体建设要求。要深入推进社区治理创新，就要在整合社区内外资源的基础上打造"心理共同体"，不能只把社区理解为一个纯粹的空间单元，"重区轻社"。以公共文化设施建设和文化活动开展为核心的文化导入是打造社区"心理共同体"的"牛鼻子"。北京是全国文化中心，首都文化是北京这座城市的魂，源远流长的古都文化、丰富厚重的红色文化、特色鲜明的京味文化和蓬勃兴起的创新文化氤氲在全市的大街小巷、四合院和社区之中。在"吹哨报到"改革实践中，一些地区注重挖掘本地历史文化资源，腾退、修缮古建筑、名人故居等历史文化遗存，通过建设胡同文化博物馆、民俗传习馆、博物馆、图书馆、阅读空间、社区客厅等公共文化空间，开展文化活动，发展街巷文化、社区文化，以此为抓手推进社区建设，为胡同居民提供了增进感情、涵养文化的空间和载体，增强了居民的凝聚力和对社区的归属感、自豪感。

"吹哨报到"改革体现了加强顶层设计与鼓励基层探索创新相结合的改革方法。基层蕴含着极大的改革动力和创新智慧，社会生活中存在的突出问题，基层看得最清楚、感受最深刻。尊重基层首创精神，是我国改革开放取得巨大成就的重要经验。"吹哨报到"改革来自基层首创，源于北京市平谷区破解联合执法难题的创新。北京市委敏锐地发现了这一典型经验，及时提炼平谷经验，在此基础上形成了党建引领基层治理体制机制创新的系统构想和全面部署。同时北京市委将"街乡吹哨、部门报到"改革列为市委"一号改革课题"，北京市委书记蔡奇亲力亲为、高位推动，市委组成专班全力推进。"吹哨报到"改革过程中，区、街乡大胆探索，产生了大量鲜活经验，北京市在提炼基层经验的基础上深化改革总体方案，始终坚持加强顶层设计与鼓励基层探索创新两手都要抓的原则。

对规律的探索是实践、认识、再实践、再认识的螺旋式上升过程。随着"街乡吹哨、部门报到"改革实践的不断发展和认识的不断发展，北京市应继续探索基层治理规律，将行之有效的基层治理北京经验上升为首都基层治理规律。

二 对深化"街乡吹哨、部门报到"改革的几点思考

要解决当前基层治理中面临的矛盾和问题，提高基层治理水平，最终还是要靠改革创新。深化"街乡吹哨、部门报到"改革应注意把握以下几个问题。

坚持基层导向。深化"吹哨报到"改革就是要树立大抓基层的导向，树立到基层一线解决问题的导向。一方面，北京市政府相关工作要过问到街道乡镇，区政府相关工作要过问到社区村，更好发挥街道乡镇、社区村

在城市治理、服务群众中的作用。另一方面，市、区还要牢固树立"条'服务'块、机关围着基层转"的理念。强化服务基层的意识，抓紧建立"对下服务"工作机制，彻底改变原有的派任务、搞考核的工作方法。有的街道领导干部反映要给街道话语权，建立自下向上反映问题的机制。要建立落实市、区职能部门事务下沉街道准入把关制度，扎实推进街道赋权改革。调研中了解到，街道领导干部热盼赋权改革落到实处、见到实效。为此，应尽快通过出台实施办法，保证街道工作会议提出的街道"六项权力"的落实。要细化赋权的范围和对象，规范赋权的运行路径。要将赋权改革落实情况列入街道对相关职能部门的考核。要切实为社区减压减负，让社区回归自身功能，才能更好地抓自治、抓服务。

坚持"四个深化"统一推进。北京市委书记蔡奇在全市街道工作会上强调，推动"吹哨报到"改革向党建引领深化，向街道改革深化，向社区治理深化，向受理群众诉求、解决群众身边的问题深化。推进"四个深化"是遵循首都基层治理规律与满足"吹哨报到"改革现实需求的有机结合。党建引领是这项改革的最大亮点，是提高首都基层治理体系和治理能力现代化的必然要求。街道是城市治理体系中承上启下的重要枢纽，深化街道管理体制机制改革将切实增强街道在城市工作中的重要地位，释放街道动能。社区连着千家万户，是党和群众联系的"最后一公里"，是及时感知社区居民的操心事、烦心事、揪心事的"神经末梢"，"吹哨报到"改革向社区治理深化是题中应有之义。"吹哨报到"改革向受理群众诉求、解决群众身边的问题深化，解决的是改革"为了谁、依靠谁"的本质问题。"四个深化"是一个有机体，必须齐头并进、整体推进。坚持"四个深化"整体推进实际上就是在基层治理中要做到"四个统一"，即坚持党的领导与党的宗旨的统一，坚持党的领导与调动一切积极因素的统一，坚持体制改革与机制创新的统一，坚持党的领导、人民群众当家作主与依法治国的统一。在整体推进"四个深化"过程中既要合理划分基层治理中各个主体的权利义务边界，又要科学设定不同主体之间的互动关系。

坚持从街道、街区、社区三个层面推进基层社会治理。《关于加强新时代街道工作的意见》提出，要立足基层服务管理，着力从街道、街区、社区三个层面做强做实街道工作，统筹推进街道改革、街区更新、社区治理，实现党对基层治理的领导全面加强，党建引领基层治理体系更加完善。把街区作为基层社会治理的一个层面是北京推动基层社会治理体系现代化的新举措，目的是为了提高超大城市精细化管理水平，从根本上解决好群众身边的操心事、烦心事、揪心事。街区不同于大街，大街没有纵深尺度，街区则是把街道两边的社区纳入形成片区的概念。从空间规模上看，街区介于街道和社区之间，比街道小、比社区大。街道改革着力于增强街道统筹协调能力，构建简约高效的基层管理体制。街区更新就是以街区为单元对生活性服务设施、教育医疗养老文化体育等公共服务设施进行补充和改善。如果以街道为尺度，考虑这些涉及群众切身利益的事情就会使区域变得太大，如果以社区为尺度，则会使区域变得太小，以街区为单元最合适。在街道改革、街区更新层面的工作都到位后，社区层面的主要任务将聚焦社区治理，使社区干部有更多的时间服务群众，用脚步丈量民生。

[黄江松，中共北京市委党校（北京行政学院）经济学教研部主任、教授]

超大城市基层治理的北京经验

谈小燕　杨嘉莹　营立成

一 "街乡吹哨、部门报到"是超大城市基层社会治理实践的总结

党的十九大明确了新时代中国特色社会主义思想和基本方略，并强调"推动社会治理重心向基层下移，实现政府治理和社会调节居民自治良性互动"，完善党委领导、政府负责、社会协同、公众参与、法治保障的社会治理体制。习近平总书记在北京视察时，对北京提出"加强精细化管理，构建超大城市有效治理体系"要求。首都治理是国家治理体系和治理能力现代化的重要组成部分。作为超大城市的首都，北京社会治理面临前所未有的困难和挑战。在党中央的正确决策和构想指引下，北京基层社会治理探索出基于时代潮流的实践性创新，开创新时代党建引领基层社会治理新路径，形成了较为成熟的超大城市基层社会治理的北京经验。

经过北京市平谷区等地区的实践总结，经过多方反复研讨论证，2018年年初，北京市委、市政府印发了《关于党建引领街乡管理体制机制创新实现"街乡吹哨、部门报到的实施方案"》，确立了以党建引领，以街道乡镇为重心，围绕"街乡吹哨、部门报到"推动街乡体制改革的社会治理新路径。一年来，"街乡吹哨、部门报到"工作取得了明显成效，产生了一系列理论实践成果。主要有五个突出：突出了党建引领的政治保障优势：党建引领是贯穿整个"街乡吹哨、部门报到"工作的一根红线，是推动大城市治理现代化的根本政治保证。突出了提高政府行政效能：核心是处理好条块关系，实现城市治理重心下移。突出了城市治理核心工作：坚持以问题为导向，聚焦城市"疏解整治促提升"。突出了人民群众

主体地位：坚持以人民为中心，坚持为群众"吹哨"，向群众"报到"，做到"民有所呼、我有所应"。突出了社会治理体制革新：完善了基层治理体系，扩大了社会参与范围，提高了城市治理社会化水平；强化综合执法平台，提高了城市治理法治化水平；培养一批高素质的城市管理队伍和社工队伍，提高了城市治理专业化水平；完善了基层财政体制机制，提高了政府公共服务的能力；优化了基层治理的工作流程机制，提高了治理有效性和精准性。

总体上，"街乡吹哨、部门报到"这一制度完善了基层社会治理体系，提高了基层社会治理能力，走出了一条符合超大型城市发展规律、具有首都特色的社会治理的新路径，既是时代的理论回应也是现实的实践回应。

二 "街乡吹哨、部门报到"形成较为完整的超大型城市基层社会治理理论体系

治理主体再定位。从社会管理到社会治理，意味着治理主体由一元到多元化的转变，那么谁来共建和共治？"街乡吹哨、部门报到"给出了实践性解答。第一，党的领导是根本。习近平总书记对基层党组织建设作出重要指示，"中国特色社会主义大厦需要四梁八柱来支撑，党是贯穿其中的总的骨架，党中央是顶梁柱。同时，基础非常重要，基础不牢、地动山摇。在基层就是党支部，上面千条线、下面一根针，必须夯实基层"。社会治理的主体是人民群众，党是社会治理主体的领导核心和主导力量。党的领导就是在更大范围、更宽领域、更深层次上让人民群众广泛参与社会治理。党领导基层治理是组织好人民群众参与到社会治理中来，激发社会治理活力，防止出现"政府干、群众看"的现象。"街乡吹哨、部门报到"以党建为引领，通过健全制度体系、落实治理责任，将党的领导与政府负责、社会多元主体共同参与的治理安排有机结合，使党委领导成为新时代中国特色社会治理体系的鲜明特征和强大制度优势。第二，政府负责。"街乡吹哨、部门报到"通过条块关系改革，以基层街道为重心，职责清单明晰街道职能定位，合理人员编制保证街道机构有效运转，建立双向考核机制以完善基层考评制度，资源下沉，力量下沉，构建服务型政府，通过组织变革提升政府治理能力和水平。第三，社会协同。通过党的

资源优势促进社会协同。例如，推动基层党组织在街道"报到"、在职党员回社区"报到"，积极融入社会治理中；通过"双覆盖"，全市3100多个社区全部建立党组织，非公企业党组织覆盖率达到83.9%，登记注册的社会组织党组织覆盖率达到75%，通过党的资源优势吸纳企事业单位、非公企业等力量参与社会治理。同时，通过社会组织及社区社会组织促进社会协同。如在社区中通过有效动员娱乐性、公益性等社区社会组织，参与社区治理。通过动员和发动社区志愿者，形成"朝阳群众""西城大妈"等志愿者队伍参与社会治理。

治理结构再调整。治理结构体现了治理主体的权力关系，直接影响治理效果。"街乡吹哨、部门报到"是基层治理结构的重大调整和改革，主要体现在两个方面：街道内部结构改革，以街道为重心的基层治理结构调整。街道内部结构改革以大部制改革为切入点，整合调整相关职能部门，综合设置街道各类机构，核定调整街道编制。赋予街道对派驻机构统筹调度权、人事建议权、考核评价权，增强街道在城市治理中的基础地位和统筹职能，推进区政府职能部门向街道派出机构管理体制改革。街道依据法律法规的规定和区委区政府的授权，履行相应的职能，街道工委和办事处根据职责清单以及涉及城市管理、民生保障、社区建设和公共安全工作履行职责。除了街道内部结构的改革，基层治理结构也进行了调整，初步形成了党建引领、以街道为核心的自上而下、自下而上、横向合作的治理结构。党的领导是贯穿始终的红线，街道向社区吹诉求哨，向委办局吹职能统筹哨，向辖区单位和资源吹整合哨。整体上通过街道工委、社区党委的"两把哨"，充分发挥基层党组织的政治功能、引领功能、组织功能、服务功能，使街道工委、社区党委的哨声成为"落实宗旨的引领哨""回答民意的集结哨""攻坚克难的冲锋哨""群众认可的满意哨"。

治理方式再优化。必须坚持厉行法治，推进科学立法、严格执法、公正司法、全民守法。"街乡吹哨、部门报到"建立综合执法平台，旨在提高首都治理法治化水平。2017年北京市出台的《关于进一步加强街道乡镇实体化综合执法平台建设的指导意见》提出，在街道乡镇普遍建立实体化综合执法中心，并将公安、消防、城管、工商、交通、食品药品监管等部门执法力量放到街道乡镇办公，推动执法力量下沉基层。同时，加快实现联合执法向综合执法转变，做到职能综合、机构整合、力量融合。基于此，北京市各区开始探索实体化运营区、街两级综合执法平台建设。以东城区为例，东城区根据区域特点，在区级执法中心建立健全与公安消防、市场监管、安全生产、环境保护等方面的联合执法机制，以区城管执法监察局直属队为主体，抽调东城公安局6人、东城交通队4人组建东城区综合执法队，对重点城区城市管理的重点难点问题进行精确整治。在街道层面按照"1+5+N"模式配备街道综合执法力量。其中"1"是指以街道城管执法队为主体；"5"是指东城公安分局、工商分局、食药监局、交通支队、消防支队5部门常驻人员为综合执法主要力量；"N"是指除5部门以外的执法挂牌单位派出的参与综合执法人员。区、街道两级综合执法中心的建设配齐、配强了执法队伍，提高了治理能力。"街乡吹哨、部门报到"除了强调法治，也重视自治。例如"小巷管家"制度，"小巷管家"的前身是社区自组织的志愿队伍，它最早产生于东城区的龙潭街道。小巷管家由居民组成，属于社区志愿者队伍，产生方式是通过街道和社区推选和招募，主要职责是协助街巷长进行街巷环境的维护管理和监督。"管家"就是指自己的事情自己管，以主人的身份来管理自己社区内和小巷里的事，通过促进居民参与，以自治方式来解决和处理社区内和小巷里的公共事务。2018年9月底，全市实现背街小巷的小巷管家全覆盖。

治理效果再聚焦。让老百姓过上好日子是"街乡吹哨、部门报到"的出发点和落脚点，也充分体现党和政府的一切工作为了人民、依靠人民的思路。"吹哨"的内容突出聚焦老百姓最关心最直接最现实的利益问题。"街乡吹哨、部门报到"自下而上和自上而下的诉求响应机制，坚持民有所呼、我有所应的原则，倾听"民声"，以"民声"促"民生"，让老百姓拥有安全感、获得感和幸福感，保障和提高民生水平。基层治理好不好，老百姓来评判，它是基层治理价值观的体现，也是新时代走好群众路线新方式。只有以人民为中心，才可能实现政府管理、社会自我调节和居民自治良性互动。

总之，"街乡吹哨、部门报到"是一个再组织的过程，通过治理主体的再组织、治理结构的再调整、治理方式的再优化和治理效果再聚焦，来优化社会治理体系和提高基层治理能力，从而提高老百姓的生活质量，形成了较为完整的超大城市社会治理理论体系。

三 "街乡吹哨、部门报到"的实证调查

为了检验"街乡吹哨、部门报到"实施效果，课题组于2018年8月

至12月围绕"首都基层治理实践模式""街乡吹哨、部门报到"对不同区进行了不同层次不同方式的调查研究，形成居民调查有效问卷982份，区（范围为13个区，不包括延庆、平谷和怀柔）、街道和社区居委会有效问卷474份，涉及区级委办局样本42个、街道80个、社区居委会352个，以及对10个市区委办局、16个街道、20个社区居委会书记或主任进行了访谈。结论如下：

推进效果普遍反映较好。数据表明，无论是区委办局、还是街道和社区居委会，普遍认为"街乡吹哨、部门报到"这一制度安排对实际问题的解决是比较有效的，从区、街道到社区总体满意比例分别为69.05%、72.50%、76.70%，越到基层，评价效果越好，也说明基层问题解决的程度得到比较好的提高。由于社会治理的复杂性，这一重大改革涉及一揽子工程，还会有路径依赖等作用，效果已经显现。社区居委会的认可度高，这在一定程度上佐证了"街乡吹哨、部门报到"给老百姓带去实实在在的好处。从居民的反映来看，接近八成的老百姓认为生活的小区比以前好。

治理主体能力显著提升。一是提高了解决问题的效率。二是增强了资源协调能力。通过区域化大党建，辖区单位主动来街道"报到"，通过志愿认领，为社区做了好多实事和好事。三是解决问题更有针对性。专项清单明确了3个重点领域15项32个具体问题，聚焦共性问题、难点问题和职责问题，都是多年城市治理遇到的硬骨头。四是街道权力更大。制度文本规定街道具有"重大事项建议权，多部门协调解决的综合性事项统筹协调和督办权，对区政府职能部门派出机构领导任免、调整的建议权，对综合执法派驻人员的日常管理考核权"，落实比较好，有了权力，街道行动能力更强。五是各部门关系更好了。六是目标明确。七是在职党员发挥了积极作用。总体上，体现了自上而下的精简高效的政府管理和自下而上的自治功能的整合。

实践深化模式灵活多样。因地制宜的实践深化模式更加丰富多样，主要特征是在宽领域、多层次、有重点、分小类等重点方面多做加法和减法。

宽领域主要体现在以区域化党建为抓手整合地区资源，横向做"加法"。海淀区提出"街乡吹哨、部门报到、地区鸣笛、家家出力"模式。"纵向"上，落实好市委提出的"街乡吹哨、部门报到"要求深化街镇管理体制改革。"横向"上，结合海淀区构建新型城市形态的需要，从强化建立地区新型伙伴关系角度同步开展"地区鸣笛、家家出力"区域化党建工作。具体包括：一是建立区域化党建"1+N+T"工作机制，制定"地区鸣笛、家家出力"区域化党建工作方案及配套文件，进一步加强党的领导，充分发挥地区党建工作协调委员会议事协调平台作用，逐步形成地区事务共同参与、共同协商、共同管理的工作格局。二是建立"三项清单"工作制度。以项目化服务方式激发各类企业和组织的内生发展动力，调动参与地区事务的积极性。三是建立地区资源库制度。整合区域内各类资源，发挥驻区单位人才智力优势，推动地区整体发展。学院路街道的"城事设计节"就整合了辖区高校资源，参与街道空间环境设计和优化。

多层次主要体现在"民有所呼、我有所应"纵向上做"加法"。方庄地区将链条延伸到社区和楼栋，通过建功能型楼栋微信群，打造"掌上四合院"。主要做法：一是以"地缘"为纽带，把每栋楼里的在职党员、退休党员和流动党员融合组织起来，成立楼栋功能型党组织，支部建在了居民楼里。群主是社区居委会成员兼网格员，片警、街道包片干部都在群里。目前组建了223个群，两万余人入群。二是建立诉求反馈和问题处理网络流程，居民提诉求，问题研判分流到部门解决、综合执法和区级平台，然后通过工作群进行问题处置反馈。半年来，方庄地区共解释回答群众政策咨询类问题两千一百余个，处置各类民生诉求问题一千五百余项，解决问题240件。

有重点主要体现在针对"顽疾重症"形成可持续重点的"吹哨"机制。大兴区林校路街道探索"专班制""吹哨"模式，重大事项依托综合执法中心，实现各部门集中办公、定期召开例会、方案联审、定期通报、联排联治、联勤联动等工作机制。黄村七街是典型城中村拆迁区，存在被拆迁人诉求高、上访户集中抱团、公房历史遗留问题多等情况，拆迁推进速度缓慢。通过专班制，联合公安、环保、安监、工商、食药、城管、住建、水务、规划等13个区级职能部门抽调精干党员25名，组成专班，联合执法35次，关停经营户24家，只用了两个月，基本解决了多年的历史遗留问题。

分小类主要聚焦群众诉求上分小类做减法，使"吹哨"更精准。西城区建立以需求为导向的事项清单管理机制，全区根据需求梳理出8类

37个项目清单,包括老旧小区管理、停车、小区物业管理、拆迁滞留、安全环境、房屋中介管理、煤改电后续问题等,划定"吹哨"范围,明确"报到"主责部门,并就小类事项分类制定方案,有效形成了"吹哨"的精准化管理。

这几种模式分别从治理主体的明确、治理方式的转变、治理内容向纵深和精细化发展,有利于"街乡吹哨、部门报到"的长效化。

（本文系北京市社会科学基金项目"北京市基层社区治理模式研究"成果,课题编号18JDSRB005）

［谈小燕,中共北京市委党校（北京行政学院）、北京人口与社会发展研究中心副教授；杨嘉莹、营立成,中共北京市委党校（北京行政学院）社会学部讲师、博士］

新时代基层治理的实践探索与创新研究
——党建引领"街乡吹哨、部门报到"

周悦丽　金若山

近年来，各地贯彻落实中央要求，在加强法治建设、推进基层治理创新方面做了很多实践探索，为提升北京基层治理能力提供了有益借鉴。作为首善之区，北京紧紧围绕"四个中心"定位和"四个服务"功能，坚持精治、共治、法治相结合，以问题为导向重心下移，加快推进基层治理法治化。"街乡吹哨、部门报到"作为其中一项重要的实践探索，以违章违建、环境污染、生态破坏、安全生产等基层治理中的底线问题为重点，着力解决执法过程中街乡和部门责任权力匹配不合理、协同机制不完善等难题，形成联合执法链、服务链、发展链工作机制。

一　"街乡吹哨、部门报到"的实践推进

基层党组织领导和统筹推进"街乡吹哨、部门报到"。基层党组织在城市基层治理中的作用发挥是新时代基层治理的首要问题。2017年北京市制定实施《加强和改进基层党建工作的意见》，把城市基层党建作为一把手工程，坚持一盘棋谋划，落实各级、各系统党组织抓基层党建主体责任，以"街乡吹哨、部门报到"机制探索，形成协同推进、整体发力的基层党建工作机制，有力推动了基层问题的解决。

一是调整优化党建格局，以政治优势和组织优势统筹治理资源。即在区级层面成立区城管委，对城管系统各职能部门实行统一领导、归口管理；成立区委城管工委，与城管委合署办公，授权其统领城管系统思想政治建设、重大决策、班子和干部队伍建设、基层党组织建设、党风廉政建设等。推进构建区域化党建格局，优化组织设置方式和管理模式，加强党

对社会领域的领导，充分发挥街道（乡镇）和村（社区）党组织的领导核心作用，将区域内各类党组织进行再整合，调动驻区单位、各类组织和广大党员群众的积极性和主动性，共同参与地区发展建设和管理，把党的政治优势和组织优势转化为社会治理优势。二是发挥街乡党（工）委领导职能，以街乡工作推进部门工作。聚焦党（工）委抓党建、抓治理、抓服务的主要职责，以基层服务型党组织建设为目标，有效发挥党组织在辖区内的统筹协调作用，明确街乡属地责任和执法部门责任，建立考核评价机制，赋予街乡党（工）委处级干部人事建议权、基层组织管理权、重大事项决策权等，激发街乡治理积极性、部门执法主动性。三是通过条块之间的有机结合，做好街乡政府与区级委办局之间的衔接配合，更好地服务群众。"街乡吹哨、部门报到"机制得以形成并推进实施，得益于党的群众路线的观点，党的责任担当意识，以及党能够整合各方资源的巨大优势。

以制度建设解决基层治理中的法治难题。基层治理处于社会治理的末端，与党和国家事业发展要求相比、与人民群众期待相比，其在规范性上还存在很多问题。特别是近年来，城市管理中属地责任不断强化，区（县）政府及各职能部门管理任务大量下移，导致街乡职责越来越重，"街乡吹哨、部门报到"立足制度建设，明确街乡主体责任、执法部门依法履职的问题。

一是厘清基层治理主体的法定职责。权责不清是基层治理的现实难题。近年来，基层治理中政府与街道职责不一致的问题越来越严重，为理顺政府职能部门和街乡的关系，根据有关法律法规，北京通过权力清单建设，赋予街乡对相关职能部门及其派出机构进行统筹协调、考核督办的权力，对辖区内涉及多部门的综合性事项进行管理。通过责任清单建设，明确各职能部门的执法主体责任设置。目前，北京16个区全部建立了街乡管理委员会制度，开展民生、综合治理、城市管理、公共设施建设等议事协商工作，普遍取消了各职能部门对街道的专项工作考评，赋予街乡对职能部门派出机构工作情况进行考核评价和民主评议，并将结果反馈到区政府绩效管理部门的权力，保障"街乡吹哨、部门报到"能够实施到位。二是加强法规制度建设，规范基层治理机制。如贯彻落实《关于加强和完善城乡社区治理的意见》《关于加强乡镇政府服务能力建设的意见》，北京市委、市政府一方面制定相关的实施意见；另一方面，制定实施了一系列相关规范性文件,如《关于进一步加强基层服务型党组织建设的实施意见》《关于党建引领街乡管理体制机制创新实现"街乡吹哨、部门报到"的实施方案》等。目前,北京市推进基层治理的相关制度文件渐成体系,对引领、约束和保障基层治理创新具有重要意义。

以机构职能改革推进基层内部管理科学化。基层内部管理科学化是基层治理体系和治理能力现代化的重要问题。就管理体制而言,存在部分街乡内设机构科室较多较细,科室设置不尽合理、常规工作效能分散等问题。特别是遇有重大任务,科室之间不利于形成合力。为了解决基层治理难题,目前政府部门的执法力量、行政力量基本采取下沉至基层的做法,并推动实现机构职能和管理的科学化。

一是按照精简统效能原则,实现基层内部管理科学化。在部分街道综合设置党群工作城市管理、社会管理、社区服务等内设机构,统筹使用各类编制资源,形成科学合理的管理体制。如北京市西城、朝阳、石景山等区级政府开展的社区减负工作,就是在取消区级政府职能部门的部分机构、平台、任务的基础上,分类清理政府职能部门和社区的工作事项,梳理出社区依法履职的责任清单,规范区属职能部门下沉到社区的工作事项,为"街乡吹哨、部门报到"的推进实施厘清问题。二是细化、规范化街乡、部门执法的衔接配合。部门设立派出机构,即成立所谓的基层站所,在人财物方面由街乡政府来管理,受街乡政府的调遣和领导,在业务上受区级城管执法监察局指导,一定程度上强化了基层街乡政府的权力。街乡政府与部门派出机构联合执法。联合执法能够在不增加编制、不增加经费的条件下,整合现有资源,发挥整体合力,达到基层治理的最佳方式。三是以平台建设促进街乡、部门行政力量配合。综合执法平台建设是解决目前基层执法难题、提高街乡统筹协调能力的重要措施。各街乡综合执法中心是综合了下沉的城管分队力量,以及公安、工商、环保等 8 个部门常驻街乡力量的综合执法平台。通过政府相关职能部门下沉行政处罚权,综合执法中心加强执法流程建设,理顺执法队和街乡办事处职能科室、网格化指挥平台以及市、区驻在街乡的相关执法机构之间的关系,建立以街乡为骨干、公安为保障、相关行政管理部门共同参与的执法机制,实现从"看不见""管不了"到"看得见""管得了"的转变。

二 "街乡吹哨、部门报到"的现实困境

以党建引领基层治理创新的现实挑战。一是对党建引领认识不到位。调研发现,部分基层党组织对自身领导核心、政治核心地位还缺乏正确认识,引领基层治理的积极性、主动性不够。也有的基层党组织和主要负责人对党的领导和政府工作之间的关系、基层治理和服务群众的关系认识不清楚,不知道如何通过党的工作引领、服务政府治理、社会治理工作。二是体制机制不顺影响基层党建工作的效能。党建工作需要顶层设计、系统谋划,需要明确定位、协调配合。目前,在基层党建方面仍然存在职能定位不够清晰问题,如街乡党组织行政性、事务性工作繁重;存在"条""块"协调困难、领导体制还不够通畅问题。三是基层党组织工作创新还不能适应城市基层治理的精细化需求。现阶段北京基层治理面临一些薄弱环节和难点问题,各有其特点。但有些基层党组织和党员干部习惯于传统思维和工作方法,不会或不善于用法治方式解决问题,群众工作的能力不强,凝聚共识、整合资源的方式方法不多,因而陷入"老办法不管用、新办法不会用"的尴尬。

清单管理制度科学化的现实困境。权力清单和责任清单制度建设是"街乡吹哨、部门报到"如何真正把哨吹起来、吹得流畅又有效的重点问题。"吹哨报到"中基层的权力清单制度建设,目的在于明确政府权力边界,实行政务公开,将自身行政置于公众和社会的监督视野之下。责任清单与权力清单是相一致的。基层治理中责任清单的梳理构建不仅可以为基层治理主体"定责",缓解属地责任的压力,而且可以使实际探索与行政诉讼制度衔接,弥补法律缺位带来的空白。

"街乡吹哨、部门报到"实施中权力清单、责任清单尚未能在法律和现实间实现有效连接。因"属地管理"责任的不断强化,"吹哨报到"中权力清单、责任清单所列的内容,与现行法律存在不一致的地方。例如,根据《地方组织法》,街道是区人民政府的派出机关,主要是履行基层工作中的领导、协调和监督等工作。就法理而言,行政授权须由法律明确规定,"吹哨报到"目前仅能够实现综合执法,进而服务于发展,还无法以机制创新对街道权力作出实质性调整。实践中,街道有时却作为一级行政主体,落实属地责任,实际履行了行政职权。这种法律规范与基层实践探

索的脱节，街道属地责任落实与法律保留原则的不协调，造成"吹哨报到"机制实际运行的尴尬。在权力可以下移的方面，某些行政管理和权限审批的环节还需上级职能部门的监督和协调，在强化"属地管理"的情况下，反而容易导致效率低下、管理制度出现矛盾等。除此之外，还有一些相对显性的问题，如有权"吹哨"的人可能因清单界定不明晰，或理解执行不到位，造成不该"吹"的"哨""吹"了、该被"吹"的部门没"吹"来、"吹"来的部门不是主责部门等一系列问题。

考核制度规范化的实践难题。落实"街乡吹哨、部门报到"机制，街乡在综合执法改革中探索将下沉执法者的党组织关系全部转入街乡，街乡党（工）委行使考核权，建立起以"区考核块、块考核条"为主要方式的督查考核制度，全面取消各职能部门对街乡的单独考核，变为由街乡考核职能部门，并实施考核结果与单位绩效考核挂钩，与被考核对象的选拔任用挂钩，与被考核单位专项经费核定挂钩。由于街乡在规范化建设、制度执行能力职能设置以及人员素质等方面还存在短板，在对部门的考核中，存在标准把握不精准、指标使用不科学等问题。而且，该考评方式在基层的实践并不完全统一，考核结果的使用也存在偏差。例如，街道目前还无法掌握人员下派后的主动权，对其所属部门的人事考核结果与如何运用的建议权很难落到实处，就会造成考核流于形式、"报到"后的工作激励等难以实现的结果。

三 推进"街乡吹哨、部门报到"的思考建议

"街乡吹哨、部门报到"在党建引领、街乡统筹、部门力量整合的探索中，解决了基层执法的难题。但基层执法仅仅是基层治理的第一层级问题，服务于人民、实现"以人民为中心的发展"，才是基层治理现代化的最终追求。

强化协同理念，实践"整体政府"治理模式。理念是行动的先导，基层治理现代化需要现代化的治理理念指导，"街乡吹哨、部门报到"不仅是统合执法机制，还涉及街乡依法治理。"吹哨报到"机制探索最终应实现将各级政府、部门、社会组织等纳入一个治理体系，实现常态化、法治化治理。解决目前北京基层治理中"条散""块虚"带来的环境污染、交通拥堵、安全生产隐患等"大城市病"难题，要强化政府治理改革，

强化政府协同理念，切实按照"整体政府"治理模式推进政府治理改革。

按"共建共治共享"要求，明晰"街乡吹哨、部门报到"定位。习近平总书记"打造共建共治共享的社会治理格局"这一重要论断，为在新时代加强和创新基层治理指明了方向、提供了遵循。"街乡吹哨、部门报到"是基层社会治理的创新探索，对其进行科学的体制机制设计，需要将其置于"共建共治共享"的现代治理理念中进行科学定位。"街乡吹哨、部门报到"要解决街乡与政府部门之间在执法过程中的配合衔接问题，是政府部门的权限与责任的内部再分配，因而需按"共建共治共享"的要求落实政府在基层治理中的责任。第一，执法部门是在基层治理中当仁不让的主体，负有严格、规范、公正、文明执法的职责。第二，政府部门在服务上应鼓励社会力量积极参与社区服务，鼓励社会资本投向社会公共服务领域。第三，政府部门在发展上应起"搭台"的作用，让社会组织与企业"唱戏"。"街乡吹哨、部门报到"，政府是搭台的调度员，部门是搭台的搬运员。

发挥党建引领作用，理顺"街乡吹哨、部门报到"机制。"东西南北中，党是领导一切的"，党的领导不仅推动了"街乡吹哨、部门报到"机制的形成，该机制的发展完善也离不开党的领导的更好实现。以党建引领理顺基层治理机制。加强基层党建工作的顶层设计，理顺目前基层党（工）委、社工委街乡党建协调委员会等党的组织之间的关系及其职责定位，明确党组织在街乡治理中的领导地位，以平台为依托建立党支部，以支部的凝聚力实现对各相关部门、街乡人员的整合。要加强教育培训，以新的理念、理论和方法推进党在基层治理创新中的作用发挥，提升党组织、党员服务基层的能力、群众工作能力以及带动基层工作创新的能力。要通过考核制度的完善充分发挥基层党组织在基层治理中的指挥作用。改变目前政府部门、街乡双方的"运动员"兼"裁判员"身份，通过制度设计，由街乡、部门共同的上级党组织承担基层治理中的考核问题。

在"以人民为中心"的发展中推进"街乡吹哨、部门报到"常态化。现代化的治理是围绕"人民"展开的治理。人民群众有所呼，政府部门就要有所应。"街乡吹哨、部门报到"不是对已有治理方式的取代，而是对基层治理方式的丰富。"以人民为中心"的基层治理需要街乡与政府部门间良性互动，"街乡吹哨、部门报到"的常态化必须要解决好发力点与着力点的问题。完善的"街乡吹哨、部门报到"应当是一种街乡帮助政府部门履行法律职责的制度机制。政府部门应当就自身的职责权限制作"清单",让街乡在"吹哨"时能够有的放矢。因此,有必要通过"日常执法"与"非常执法"的区分,进一步加强执法规范化建设,持续性研究基层治理的"重大内容事项""老大难事项""部门扯皮事项"以及"情况紧急事项",确保街乡"吹哨"只能出现在"非常执法"中,吹好"重点哨"。

[周悦丽,中共北京市委党校(北京行政学院)法学教研部副主任、教授,北京市政府法治研究中心研究员;金若山,中共北京市委党校(北京行政学院)法学教研部讲师、博士,北京市政府法治研究中心研究员]

关于深化"街乡吹哨、部门报到"改革应处理好五个关系和三点具体建议

吴 军

党建引领"街乡吹哨、部门报到"体制机制创新，通过赋予街乡更多自主权，增强属地主体性作用，有效理顺"条"与"块"多年的矛盾，有效解决过去"八个大盖帽管不了一顶破草帽"等城市基层治理"最后一公里"难题。实现"街乡吹哨、部门报到"，是新时代首都城市治理的一项重大改革，是贯彻落实习近平总书记关于以人民为中心发展理念的具体体现，对首都可持续发展具有重大而深远的意义。

"吹哨报到"机制体制创新，既是一次服务群众的基层治理实践，又是一场基层治理制度变革。从传统治理模式向共建共治共享的方向转变，从过去"自上而下"的科层制管理体制向"上下联动"的网络化机制转变。这种新治理的改革，从治理理念、治理技术、组织架构、技术手段等方面，都是对传统基层治理的改革与创新。

"吹哨报到"改革在探索城市治理最优路径上取得了很好效果，得到中央和地方的肯定，尤其是社区基层的一致好评。"吹哨报到"改革，打通了城市管理中的多层级平台，融合了城市管理多层次工作队伍，形成了区、街乡、居委会（村委会），以及小巷管家与街巷长制网格四级管理机制，党建引领、上下联动、多方参与，形成"小事不出网格、大事不出社区"闭环式的党政群共同协商、共同参与、共同治理的格局。

一 基层治理改革与探索的特色与亮点

"吹哨报到"机制体制创新，既是一次服务群众的基层治理实践，又是一场基层治理制度变革。从传统治理模式向共建共治共享的方向转变，

从过去"自上而下"的科层制管理体制向"上下联动"的网络化机制转变。这种新治理的改革与探索，在治理理念、治理技术、组织架构、技术手段等都有着自己突出的特点。

从治理理念上来看，把党建的"政治导向"和基层治理的"问题导向"有机衔接起来，实现基层党建对基层治理的全方位引领。党的十九大报告指出，要以提升组织力为重点，突出政治功能，把企业、农村、机关、学校、科研院所、街道社区、社会组织等基层党组织建设成为宣传党的主张、贯彻党的决定、领导基层治理、团结动员群众、推动改革发展的坚强战斗堡垒。党建引领基层治理，不仅要聚焦在具体的公共问题上，而且还要突出政治功能，提升基层党组织组织与动员能力，把基层面临的一些具体的治理难题，如环境整治、拆墙打洞、私搭乱建和违规停车等，通过党组织的政治优势，发挥党员、群众、驻区企事业单位、社会组织等力量的积极性，共同参与具体问题的协商与解决过程中来，实现基层党建对基层治理的全方位引领。

从治理组织架构来看，打破传统城市管理中属地与职能部门之间的界限，重塑"条块关系"，以属地为主统筹破解基层治理难题。长期以来，城市管理体系的分散性、割裂性，各专业职能部门的封闭性，很难适应现代超大城市管理的综合性、系统性的要求。条块分割、各自为政、职责交叉、管理粗放、缺乏协调等一系列问题与实现城市治理体系与治理能力现代化的要求相去甚远。在基层治理过程中，经常出现"八个大盖帽管不了一顶破草帽""有权管、又看不见""看得见、无权管""叫腰腿不来，叫腿腰不来"的现象。"街乡吹哨、部门报到"机制体制创新，在街乡层面成立综合执法平台，由街道办事处或乡镇政府进行统筹协调，比如，城管、食药、安检、工商、交通、派出所等进行实名常驻，环卫、消防、住建等进行联片派驻，国土规划、水政监察、环保监察、绿化等实现吹哨进驻。"融条于块"，把区级职能部门的力量下沉到街道属地，依靠"吹哨报到"这种机制高效地解决基层治理中的疑难问题。

从治理技术上来看，以"互联网+""大数据""智能化"等智能化手段来推动城市基层治理精细化。习近平总书记不断强调，城市管理要像绣花一样精细。越是超大城市，管理越要精细。在原有网格化管理的基础上，北京"街乡吹哨、部门报到"把多头信息来源进行整合，比如政府热线、舆情监测系统、政务微博、热线"12345"、微信公众号等15类

"哨源"涉及的各种问题优先通过网格化的常态化工作体系进行处置。通过整合这些信息，有针对性、高效地解决问题。这方面的探索在北京基层比较多，比如，西城区展览路街道开发的"社区通"，利用微信公众号与居民建立联系，居民可以及时反映社区存在的问题，街道与社区干部根据问题种类进行合理"吹哨"，相关职能部门及时到现场解决问题。类似的例子还有丰台区方庄街道利用微信群开发的"掌上四合院"、朝阳区双井街道推动的虚拟社区"第13社区"等。通过这些新技术的运用，极大提升了城市基层治理精细化水平。

从治理形式上来看，基层政府对基层社会治理由传统的"管理""主导"向有限度介入的共治角色转变。传统基层治理思维，属地政府往往存在着"大包大揽"的思维，造成一些涉及共治的问题往往出现政府了出钱、居民"不买账"的窘境。比如，老旧小区加装电梯问题，既涉及居民切身利益，又体现着基层公共服务供给能力与水平。事实上，基层政府有能力把事情"包揽"起来做，但试想一下，如果这样，那么社区居民应该承担什么样的义务？社区居委、物业等又应该负什么样的责任？涉及空间场地占用与后续可持续运营问题。属于社会自治领域的事务，政府应该介入到什么程度比较合适？实质上，这反映了基层治理中社区自治与基层政府介入的共治边界界定问题。"街乡吹哨、部门报到"延伸到社区层面，通过党建引领，把所有社区利益相关者积极性调动起来，引导居民达成统一共识的基础上，政府介入进行设计与安装，从而实现了自治向共建共治共享的格局转变。

二 继续深化"吹哨报到"改革需要处理好的五个关系

第一，处理好党的领导与多元共治的关系。"党的领导"主要是把方向、提目标，角色定位要超脱于基层政府（街道办事处与区级职能部门等）、社区居委会、驻区企事业单位、社会组织等，应该站在促进社区居民全面与可持续发展的角度，调动社区各方的积极性，整合资源，引导基层治理方向，搭建协商对话平台，塑造共识。在尊重多元诉求的情况下，加强党的社会号召力和组织力，提升其他主体的治理能力与水平，形成多方良性互动。

第二，处理好服务群众与组织群众自我服务之间的关系。党员干部要密切联系群众，深入基层，真抓实干，及时化解矛盾，帮助群众解决实际问题，变被动服务为主动服务。在基层治理中，增加基层党组织的服务意识与能力的同时，也要培养群众自身的自我服务、自我管理的能力。不能把组织群众与服务群众混同，也不能把服务群众代替群众的自我管理与自我服务。基层党组织，既要调动群众参与治理的积极性，服务好群众，同时也要注重提升群众的自我管理和自我服务的意识和能力。

第三，要处理好政府、市场和社会在基层民生与公共服务供需的边界。加强街道乡镇党工委对基层治理的领导，注重价值和方向的引领，要避免"包办一切"惯性思维。合理界定社区服务中的各个利益主体的边界。比如，老旧小区加装电梯，尽管基层政府有能力可以完全包办，但在这个过程中，居民的责任和义务在哪里？社区物业的责任与义务又在哪里？这些问题在规划与建设之前，都应该充分发动社区居民、物业等利益相关者进行充分交流与讨论，共识是在多次的沟通理性上达成。只有这样，电梯的加装与改造能够获得各方一致认可。"吹哨报到"是一种回应老百姓诉求的有效机制，"吹哨报到"过程中，对于群众的诉求要及时回应，但不是所有的诉求，政府都应该得"包揽解决"。对于私人领域的事情，要运用市场与社会的运作思维和方式。

第四，要处理好街乡自建网络数据信息平台建设与市区相关信息平台的标准一致性、对接融合问题。从目前来看，很多街道或乡镇层面自建了很多网络平台，对于针对性高效解决基层问题，提供了信息保障，同时也提升了党与政府在群众中的公信力。但是，从长远发展来看，这种信息化建设"各自为政""标准不一"，不但很大程度上增加了财政成本支出，造成资源浪费，而且对于全市城市治理"智慧城市"或信息化建设埋下了技术标准壁垒。因此，加强调查研究，及时出台街乡信息网络平台建设的标准，为今后的超大智慧城市一体化建设提供前瞻性条件。

第五，要处理好宏观城市治理与微观基层治理之间的有效衔接关系。"街乡吹哨、部门报到"这种"自下而上"的机制体制创新，有效地解决了传统基层治理的一些难题，但不是所有难题。比如，街乡无执法权限案件、无法规支撑的案件、历史遗留的难点案件等，还涉及一些重点难点问题，比如，大面积游商摊群等环境秩序死角问题，黑车点位等需要多部门联动解决的难点问题，共享单车等新生难点问题……这些超出了街乡处置能力范畴，需要区级主管部门，甚至是市级主管部门来协调，尤其反映在中央驻区单位的协调和相关政策法规的修改等。因此，继续深化"街乡吹哨、部门报到"改革，需要处理好宏观城市治理与微观基层治理之间的有效衔接，使微观的治理可持续、科学化、深入推进，坚持以人民为中心的发展理念，共创首都美好生活。

三 关于深化"吹哨报到"改革的几点具体建议

第一，深化"下评上"考核体系与机制，深化对考核结果的运用，深化对"吹哨"效果的考察。目前街乡对于职能部门"下评上"的评价制度进行了设计，但出于一些暂时的客观原因（如人情面子、职能部门掌握着街道相关事务的下拨资金、职能部门与街道书记或主任可能存在岗位轮值等），街道与社区对下沉干部的担当作为情况、对下沉的实效，暂时还不能或者"不敢"做出科学有效的评价。另外，目前考核设计内容，局限于报到部门人员日常工作、联系制度和执法情况三类，考核方式都是针对个人本身的考核，垂直管理部门的工作范围面向全市，人员调整相对频繁，考核结果发挥作用有限。

因此，考虑引入第三方考评力量，规避一些影响考核效果的人为因素，增加考核客观性、科学性。同时，在考核指标体系设计上，街道在对职能部门行使考核权时，除了考虑对部门派出人员履职情况考核，还要结合机构帮助街乡解决实际问题中的作用发挥情况，增加针对专项事务的考核。街乡按照项目工作实效性对职能部门加以考核，充分发挥考核应有的作用。另外，考核结果不能简单地"为考而考"，要合理运用考核结果，兑现考核奖惩。"明责"之后再"问责"，把考核的外在压力转化为提升基层治理水平与能力的内在动力。

第二，部分重大项目要突出区级协调的主导权，有的还需要市级顶层设计改革。街乡吹哨部门报到实际上对应三个场景：综合执法、应急处置、重点工作。这三个场景偏向更多的是一种实施上的疑难问题，但对于一些重点工作、一些执法工作、一些历史遗留难题等效用不是太明显。

比如，重大事项因其性质特殊，责任重大，事关群众利益，街乡"吹哨"仍然较难，比如棚户区改造、批发市场腾退、河流水渠整治，虽然街乡"吹哨"了，但问题的解决更有赖于区级有关部门的统一调度和支持。

比如，"吹哨报到"运作过程中，很多事情都涉及基层执法，但却面临着执法困境。相较于之前，职能部门力量下沉，实体化了执法平台，街道尽管有了执法力量，但缺乏相关法律依据，依旧是没有执法权。

再比如，单位弃管的老旧小区物业管理问题。物业收费收不上来，设施得不到及时维护，水管漏了也没修。即使街乡"吹哨"，职能部门报到了，也解决不了问题。

第三，整合社会力量，建立社会回馈获益机制，充分调动群众积极性。各街乡可以通过区域化大党建来实现政社互动、枢纽带动、三社联动；通过建立常态化社会动员体系，培育与发展社会组织，使社会力量得到整合和利用，充分发挥"朝阳群众""西城大妈""海淀网友""石景山老街坊"等首都社会治理重要力量的作用。如果把这种社会力量传播开来，影响范围更大，持续更久，应该考虑建立社会回馈机制，比如双井街道社区公益积分卡。居民参与社区服务可以获得公益积分，然后用公益积分兑换商品与服务。这种形式极大地提高了社区居民的参与热情。

[吴军，中共北京市委党校（北京行政学院）社会学教研部副主任、副教授]

"街乡吹哨、部门报到": 党领导基层社会治理的北京实践

鄢爱红　孔祥利

一 "街乡吹哨、部门报到"的缘起及主要做法

"街乡吹哨、部门报到"缘起平谷区金海湖镇解决盗采金矿问题时创造的联合执法经验。随后北京市委书记蔡奇对此项工作做了肯定，并提出理顺街乡和部门关系的一系列思路。2018年年初，北京市委、市政府印发了《关于党建引领街乡管理体制机制创新实现"街乡吹哨、部门报到"的实施方案"》（以下简称《方案》），确立了以党建引领，围绕"街乡吹哨、部门报到"推动街乡体制改革的基层治理新思路。

"街乡吹哨、部门报到"这一改革具有鲜明的问题导向。长期以来，城市基层治理中存在着各种难题，集中到一点就是条块关系中的权责不对等。一方面，街道对地区负属地管理责任，但在执法过程中由于权责不匹配不对等、执法主体不明确，有责无权，有权无责，经常出现"看得见管不了""管得了看不见"的情况；另一方面，部门间各自为战、相互掣肘、衔接不畅，条块分割、条专块不统一的问题仍然突出。改革内含14项具体任务，主要围绕三方面展开：一是建立落实机制。此次改革的重点在于办好双方职责交叉、条块关系不顺、需要合力推进的事，解决落实服务基层、服务群众"最后一公里"难题。二是强化基层导向。各部门将各类力量在街乡综合下沉、力量聚合，在一线解决基层治理难题。通过街乡层面的大部制改革，使城市管理逐渐走上精细化道路，更快速、有效地解决居民反映的问题。三是推动改革创新。"街乡吹哨、部门报到"，既是街乡管理体制机制的创新，也是党建引领基层治理和党的工作的创新。

不仅对于解决城市基层治理的难题有价值，也为新时代探索党领导基层治理的方式和方法提供有效的经验。

围绕《方案》在职党员报到、"街巷长"制、"小巷管家"、社区减负、街道大部制改革等十四项工作，各区普遍开始探索新体制格局下党建引领基层治理的新做法，不断向特大城市治理难点领域延伸，逐步形成了党领导基层社会治理工作网络，增强了基层党组织的领导力。

第一，通过条块关系机制的再造，强化了街乡党工委的领导核心地位。"街乡吹哨、部门报到"是首都基层社会治理的一项重要改革，其内涵是对城市管理中的一些难题，"街乡"吹哨，发挥调度协调作用，部门"报到"，响应街乡党工委的领导，联合执法。"街乡吹哨"，重点是强化街道乡镇党工委的领导作用，充分发挥统筹协调功能，强化街道乡镇党工委的职权。"部门报到"，重点是将各类城市管理力量综合下沉、聚合到乡镇街道，通过街道乡镇这一平台实现资源和权力的有效分配。其核心要义是通过加强党的领导，实现街道乡镇层面部门的联合执法，解决长期以来部门之间协调难度大、协调机制不畅通的问题。

第二，通过组织结构和队伍建设，构建了简约高效的基层管理体制。"吹哨报到"专项工作以"下沉、赋权和增效"作为基本方向，将"整合与联动"思路贯穿其中，通过构建简约高效的街道工作体制机制来解决基层治理中的难题。这项改革在"综合设置街道各类机构"和"整合协管员队伍"等专项工作方面也开展了探索。在内设机构方面，依据街道职责任务，按照大部门制、扁平化管理的工作要求，启动了街道党政内设机构改革工作。一是精减街道内设机构，街道机构由"向上对口"到"向下对口"。街道机构由原来"向上对口"的25科室和4个事业单位，精简为"向下对口"的"六办一委一队四中心"12个部门。"六办"为综合保障、党群工作、平安建设、城市管理、民生保障和社区建设6个部室，一委指纪工委（监察组），一队指综合执法队。四中心是指4个事业单位：党建服务中心，社区服务中心，政务服务中心，网络化服务管理中心。二是通过街道党政领导班子副职兼任主要负责人的方式，减少管理层级，推动工作力量下沉，设置社区专员岗位，原则上由正科级干部担任。每名社区专员负责1—3个社区的工作，实现责任在一线落实，调度在一线进行，问题在一线解决，大幅度提升处置城市管理问题的效能。三是以网格为依托整合协管员队伍，提高协管员队伍整体水平。

第三，通过基层治理结构创新，实现了"共治"与"自治"的有效衔接。以"街乡吹哨、部门报到"为契机，北京市在街区层面实行"街巷长"制和"小巷管家"，在街区层面探索建立党建工作网络，使街区成为公共服务供给、社会活力激发的新载体，实现"共治"向下沉淀、"自治"向上拓展，两者在街区交会。"街巷长"制是在街乡层面，将辖区内的大街小巷环境综合治理任务具体落实到人、由专人负责的管理制度。使党的群众工作通过共治、共享方法在街区发挥更大效能，使群众自下而上的诉求能更敏捷地传递到街道共治制度框架中。

第四，通过区域化党建机制建设，形成了党领导基层共治的基本制度框架。建立了以党（工）委为核心的街乡区域化党建联席会议制度和代表社区公共意见的社区委员会，搭建了共治活动的各类载体；形成以街镇党（工）委为核心，社区党组织、辖区单位党组织和全体党员共同参与的区域化党建工作体系，调动和组织多方力量共同参与基层社会治理。在党领导基层共治方面，创新突出体现为三个方面：一是建立了多元共治的组织体系，共治的实现方式有了可靠的组织保障；二是建立了多样化的共治平台和载体，形成了资源和需求的"精准"对接机制；三是建立和形成了自下而上的公共议题形成和讨论的机制。如朝阳区委先后制定了《关于开展党政群共商共治工程的方案》《街道系统党政群共商共治工程操作手册》等文件，为问政于民、问需于民、问计于民的多元共治提供制度保障。

二 党领导基层治理："吹哨报到"机制的创新点

新时代加强党的领导是城市社会治理体制机制建设的本质要求。总结北京市的"街乡吹哨、部门报到"政策及其实施过程，党领导基层共治自治是落实此项政策，推动大城市治理，解决好"最后一公里"问题的根本保证。同时，"街乡吹哨、部门报到"的实践，也为党领导基层治理创造了实践经验。

（一）领导理念与价值：从各自为政到统一领导，从宏大治理到微小治理，践行以人民为中心的理念

党政军民学、东西南北中，党是领导一切的。"街乡吹哨、部门报到"，其实质就是要体现党对基层治理的领导，以党的建设贯穿基层治

理、引领基层治理、保障基层治理。发挥好党建协调会、地区管委会等社会组织在社会治理中的作用，充分调动社会单位参与社会共治、共建的积极性、主动性、创造性，使社会资源得到有效利用，社会能量得到充分释放。

城市管理体制改革的目的是提高为人民服务的能力和水平，最终破解服务百姓"最后一公里"问题。"街乡吹哨、部门报到"，其核心是强化街道党工委的属地管理责任，各职能部门要重心下移、力量下沉，共同解决好群众基本的民生问题，实现公共服务重心由宏大的基础设施建设到群众日常生活环境的改善。将"以人民为中心"的理念转化成体制和机制。

（二）领导体制与机制：从专业执法到综合执法，建立职权匹配的简约政府

竺乾威教授提出了领导权和治理权的区分问题。[①] 其中，领导权对应国家政治职能，旨在维护政权稳定和社会秩序；治理权对应社会管理职能，关涉民众生活密切相关的公共服务和公共产品提供。为适应公共管理形态的变化，两种权力的运行机制均在发生一定程度的变化。"街乡吹哨、部门报到"，瞄准基层治理中"管得了的看不见、看得见的管不了"的问题，从理顺条块关系着手，着力增强地方治理能力，加强基层政权建设，构建简约高效的基层管理体制。一方面，对条块关系进行改进、调整和完善，理顺条块关系，衔接条条配合；另一方面，通过强化街道党工委的领导指挥职责、执法部门的有效配合，建立综合执法平台，实现城市基层治理中的专业化执法向联合执法、综合执法的转化，破解城市基层社会治理中的难题。

（三）领导途径与方式：从一元到多元，实现自治与共治的结合

自治与共治的有效运行就是处理好基层治理中的"活力"与"秩序"的深层张力问题。一方面，如果失去公共权力和资源的支持，自治与共治很容易流于形式；另一方面，缺乏引导的活力释放，又很容易导致多元治理主体之间的合作困境，蕴含社会秩序风险。"街乡吹哨、部门报到"探求了一种以党的领导为牵引，促进"活力"与"秩序"相互平衡的新格

---

① 竺乾威：《政社分开的基础：领导权与治理权分开》，《中共福建省委党校学报》2017年第6期。

局。一方面，党建通过提供价值导向、人才支持、专业指导和项目引导，实现对基层社会治理的柔性引领；另一方面，开放性的党建工作网络、平台与机制又为自治与共治运行中的资源与需求对接提供保障，有助于公众参与基层治理活力的激发。"街乡吹哨、部门报到"公共权力、资源支持社会自治和共治的"收放有度"的工作机制。

（四）领导技术与方法：从粗放到精细，依靠网格化和数字化实现党对基层治理的领导

随着信息技术和人类生产生活交会融合，互联网快速普及，世界已进入大数据时代。党领导基层治理，必须在领导技术和领导方法上紧跟时代步伐。北京市在基层社会治理改革中，将网格化和数字化相结合，在城市精细化管理方面取得了重要成效。例如，北京市西城区西长安街道倡导"数字红墙"的管理理念，其背后就是新时代领导基层治理技术和手段的变革。对大数据、云计算、智慧城市、移动互联网、物联网等新兴技术知之甚浅，必然不能迎接新时代对领导工作的挑战。领导干部要主动学习，了解大数据技术发展的最新动态，掌握大数据时代的新工具、新技术，才能做好领导工作，才能实现党对基层的有效治理。

三 理论思考与建议

"街乡吹哨、部门报到"经过一年的试点，各项工作取得了明显进展，在党领导基层治理方面进行了诸多探索。从党领导基层治理的社会化逻辑和工作机制出发，亦可对这项工作展开理论探讨。其中，有几个问题需要深入思考：

（一）进一步加强对"党领导一切"的认识，处理好"领导"与"管理"的关系

党建引领基层治理的范畴很广，涉及基层治理与百姓生活的方方面面。在调研中，不少街道书记都提到："是直接提供公共产品满足群众需要，还是带领群众实现共建共治共享的目标，这个问题需要高度重视。"加强街道党工委对基层治理的领导，注重价值和方向的引领，但避免"包办一切"的现象发生。党领导基层社会治理，是党带领群众实现共建共治共享的目标，而非党直接提供公共产品。随着社会发展，群众诉求越来越多，也越来越高。应处理好政府、市场和社会的关系，合理界定基层

党工委的职能和职责以及提供公共服务边界。在公共服务边界之外的领域，党组织要发挥引领作用，按照"谁主张、谁负责、谁受益"的原则，带领群众共同创造美好生活。

（二）进一步加强和提升党的群众组织力，处理好组织群众与服务群众的关系

"街乡吹哨、部门报到"旨在破解城市治理"最后一公里"难题，但基层社会事务治理有其特殊性，具有线多、面广、量大、情况复杂以及不确定性高等特点，其管理和治理需要"绣花式"的精细化，党和政府的"手"很难触及全部领域。因此，组织群众比服务群众更考验领导力。新时代如何在服务群众和组织群众自我服务之间平衡，培养群众自我管理、自我服务的能力显得格外重要，这是关系到此项改革是否能够持续的群众基础。基层治理中"领导干、群众看""政府买单、群众不买账"现象突出，新时代需要妥善处理好组织群众与服务群众之间的关系，不能以服务群众代替组织群众。目前基层社会治理中的突出问题是组织居民、发动居民的能力减弱，居民的自治意识没有与市场经济同步发展，还停留在"政府包办"的阶段。这与对基层政府行政考核、维稳、督办等因素密切相关，还须在这场政社多元联动的改革中继续予以关注。

（三）进一步加强和提升党的社会号召力，处理好党的领导与社会共治的关系

一方面，发挥党对多元共治主体的领导作用，在引领基层治理的方向性领域下功夫，关注基层党组织的嵌入逻辑及功能实现。在北京的实践中，总结了"一核多元"、党政群对接等治理机制，进一步探讨党组织在基层治理中如何发挥社区领导力、塑造共识、搭建联动载体和资源整合等作用。另一方面，党建能够拓展政社关系中的"交集"部分，号召动员全社会力量共同治理，提升其他社会主体的治理能力。无领导的领导力是领导力的最高境界。"太上，不知有之，其次，亲而誉之，其次，畏之，其次，侮之。"党领导基层治理的核心是如何发挥党的社会号召力，调动全社会力量共治，真正实现党的领导由"组织引领"向"功能引领"的转变。

[鄯爱红，中共北京市委党校（北京行政学院）领导科学教研部主任、教授；孔祥利，中共北京市委党校领导科学教研部副主任、副教授]

充分发挥"街乡吹哨、部门报到"机制在新时代首都乡村治理体系中的作用

周美雷

一 完善"街乡吹哨、部门报到"机制的组织平台

加强党建引领,做好"街乡吹哨",首要是做好乡镇级层面的统筹,从而为"部门报到"的实现提供有效承接和协调,为村居工作的开展提供有力指导和支撑。乡镇层面的统筹重点是建设好以下三个中心:

1. 综合执法中心。镇级实体化综合执法中心的建设需要固定办公场地,在功能上进一步强化镇级统筹领导作用,综合联动公安、城管、消防、交通、工商、食药监、规划国土、环保、水务、住建等执法部门力量,做到职能综合、机构整合、力量融合,统一组织综合执法活动,实现统一执法管理、统一调度指挥,系统化地推动执法协同工作机制的常态化与实体化。

2. 党群服务中心。承担基层党建服务指导的功能,如党建活动创新指导、党员教育能力提升、党群服务动员组织、村居共建统筹促进、区域发展智慧聚集。最终要实现党建工作的五个统筹,即统筹干部资源,做到组织共建;统筹工作部署,做到规划共谋;统筹活动安排,做到行动共振;统筹阵地建设,做到载体共创;统筹目标考核,做到服务共评。

3. 社会动员中心。统筹建设镇域范围内社会组织、草根组织,整合发动各类志愿力量,开展社会组织、草根组织的孵化指导和服务工作。培养建设骨干队伍力量,提升其专业素养,增强组织活动的公益内涵,开拓社会组织参与乡村治理的机制,建设成党建平台引领、专业机构统筹、社会组织参与、基层群众监督,村居居民受益的社会动员能力体系。

4. 区域党建协调委员会（区域治理委员会）。在镇域范围内根据相关的片区划分，设立区域党建工作协调委员会，加挂区域治理委员会的牌子，作为区域治理协调核心枢纽，切实把党的政治优势和组织优势转化为社会治理优势，在规范镇级"街乡吹哨、部门报到"工作机制的基础上向村居延伸，为村居共建共创治理模式做好机制保障和组织支持。在组织建设上，两个委员会统筹搭建领导机制，书记和主任可以一肩挑，副书记、副主任若干名，委员若干名，由成员单位共同推选；区域党建工作协调委员会和区域治理委员会要下设办公室，由委员会书记、主任所在的村居干部组成，主要负责沟通联络、会议筹备、处理日常事务等职责；主动吸纳区域内有影响力的企事业单位如驻地部队、非公企业、社会组织、物业公司等为成员单位；镇领导干部和职能科室负责人按照包村居工作安排，作为各区域党建协调委员会和区域治理委员会的非常住委员。

二 拓展"吹哨报到"机制的功能

延伸"吹哨"机制到乡村治理的一线，压实村级党组织责任。在完善镇级综合执法平台建设的基础上，理清相关部门的权责清单，强化以一个工作部门为主要责任单位其他部门配合。在此基础上，拓展"吹哨报到"机制的功能向乡村延伸，压实村级党组织主体责任，突出属地管理，整合基层各类执法和服务力量，加强日常监管，将乡镇吹哨、部门报到与村级吹哨、职能科室执法力量报到，科室主责、其他配合，镇级要求、村级落实等结合起来，将"吹哨报到"与"10个1"机制即一个临时党组织、一个常设机构、一批移动执法人员、一本权责清单、一级强有力的基层党组织、一支服务队伍（村级网格员）、一套工作运行机制、一套多网融合的信息指挥系统、一套考核评价体系、一个固定办公场所有机融合起来，形成高效运行的网格化管理模式。

拓展吹哨机制的管理功能，发挥其管理功能，加强基层综合治理。深化吹哨模式，实现由"执法哨"向"管理哨"的升级，提升村级治理水平是关键。明确村级（单元格）是日常管理的主体，采取干部包片、党员包户，结合党员积分制、干部公开承诺、党员公开身份、代表公开职责，整合村内各类服务人员为网格员，负责发现、处理、上报、吹哨执法和后期管理。对于小问题第一时间处理解决；村内解决不了的问题，"吹哨"上报执法中心，职能科室牵头解决；镇级解决不了的问题，统筹执法部门综合执法解决。这样的机制建立起来后，单元格内各类隐患问题均能够及时有效处理，逐步实现了属地管理的常态化监管。

拓展"吹哨"机制的发展功能，推进中心工作开展，促进农民增收致富。首先，将吹哨机制用于乡镇中心工作的开展。如平谷区金海湖镇将"吹哨"机制用于稳步推进镇中心区地块一级开发、休闲大会主场馆、畅春园项目建设、金海湖大景区建设，全面落实推进全国文化中心建设、煤改清洁能源等系列市、区、镇重点工作和重点项目的建设，取得了良好的效果，为2020年世界休闲大会的顺利召开奠定了基础。其次，拓展"吹哨"机制的功能，促进农民增收致富。"吹哨报到"机制不仅仅在综合执法领域，在日常的乡村管理领域发挥作用，解决管理中的问题，也可以通过"吹哨"提升乡村发展的需求。比如平谷区金海湖镇即按照"村级吹哨、区镇报到"的工作机制，十几个区级部门在该镇茅山后村召开了两次会议，讨论研究茅山后村"三农"综合体建设方案，结合区级"三农"优惠政策套包和综合服务中心的建立，实行全链条、全环节、全要素的"三农"服务，打造茅山后村"三农"工作示范区，破解"三农"发展中的难题和山区农民增收致富问题，带动镇域内村级产业发展，使农产品变成商品，农民成为真正的投资主体，探索了"街乡吹哨、部门报到"工作机制在乡村发展模式的应用，最终达到富裕农民的根本目的。

三 建构"吹哨报到"机制中的一些具体操作清单

"吹哨机制"作为基层管理体制机制的创新改革，预示了今后执法平台的调度和日常执法的常态化趋势。常态化执法，全部都要由街镇组织协调、调度实施，而且组织者必须亲临执法一线，带队执法。"吹哨报到"常态化有效运行必须建构切实可行、简便高效的操作清单。

1. 职责清单。各执法成员单位要依据上级编办编制的权责清单，建立乡镇执法职责清单，对镇域内的各类违法违规行为进行执法、监督和管理。镇政府相关科室要制定本科室工作职责，落实科室日常监管的主责，逐步解决工作中的重点难点问题。各村党支部要负责村域内的日常秩序管理和巡查，建立问题销账制度、村级网格员的管理制度。

2. 问题清单。镇级综合执法中心建立问题清单。如金海湖镇综合执法办公室将各类问题进行分类，逐一对应处理部门，形成一套完备规范的问题解决流程。（1）问题清单分级归类：执法中心将镇域范围内的风险隐患问题，按照问题产生的影响分为 A、B、C 三级问题清单。A 级为重大、重点类风险隐患问题，即各科室梳理本年度重大隐患处置事项，经临时党支部专题讨论后，建立本年度 A 类问题清单，录入信息系统；清单确定后，镇政府主责，科室牵头，执法中心通过会商制度，制定具体执法方案，报请临时党支部批准后实施；通过事前研判，A 类问题需要报请区级协调处置的，需一事一议，主责科室牵头，经临时党支部批准后，通过执法中心信息系统报送区级执法平台。B 级为突发的应急类风险隐患问题；执法中心信息系统汇集各职能科室工作中的各项应急处置预案，明确应急处置流程。执法中心收到应急类隐患问题后，立即召集主管相关部门会商，报请镇党委后再行处置。执法人员第一时间进行现场执法，事态严重时可调派全部执法力量应急处置。执法中心全面调控综合执法的响应速度和应急处置效率。C 级为日常巡查管理类风险隐患问题，C 类问题销账是各职能科室、村级日常管理的过程，注重问题处置后的效果保持，形成常态化监管。清单问题涉及"吹哨"执法处置的，需执法销账处置。

3. 绩效清单。根据问题清单所列问题，执法中心逐一记录参与综合执法的单位执法进展、执法效果等要素。执法效果以问题消除或得到有效控制为标准，绩效清单作为年终考核依据使用。镇纪检监察牵头实施问责机制。

4. 警示清单。在执法过程中提前预警，便于加快执法进度。根据问题清单所列具体问题，逐一列出不同监管、执法主体由于监管执法效果偏差，可能导致的相关党内问责、行政问责、行政执法责任追究、特殊领域的责任追究等不利后果的警示清单，作为综合执法的警示提醒。

四　夯实吹哨机制的基础，加强配套机制建设

1. 乡村网格化治理的完善。网格化治理是吹哨机制在治理体系中运用的基础。首先，明确村级网格员、村级党支部、镇职能科室职责和镇执法人员职责。与区镇信息系统联通，将系统中的职责清单，部署各科室对照各自职责进行梳理对接，明确主责牵头、执法配合、工作范围，对照问题隐患等级进行分类。清单内未提及本科室的工作内容及时备注添加完

善。其次，村级各类人员梳理。认真梳理汇总出市、区、镇录用的各类服务人员。网格化建设中将对各村级服务人员定岗定责，指导村级划分网格，制定管理办法和考核办法，对接中心信息平台。① 再次，执法类问题梳理。② 梳理了区、镇信息系统中的大类与小项问题并将其与镇各科室进行对接和梳理。确认主责科室、配合科室、执法科室，并结合法制办下发的执法目录清单进行补充和整合。最后，确定示范村，压实村级责任。摸排、了解和确定村级网格化管理的示范村以及村级网格化管理的实际情况、问题、需求等，进一步压实村级责任，规范村级各类人员管理，并制定村级综合事务网格化管理小组样表，包括村级网格化管理组织结构图、村级网格化管理人员明细、村级网格员工作职责、村域划片草图。此外，随着村级治理问题自处理工作量加大，处理时限和能力有待提高，同时需要逐步增加村级基层治理费用支出。

2. 充分运用好村规民约等制度化的治理机制，夯实"吹哨报到"机制的治理基础。新时代的乡村治理必须坚持自治、法治、德治相结合的原则。自治是三治的核心，制度化体系的构建是自治的基石。通过制度化的构建和约束，推进制度化有效自治制度与"吹哨机制"的融合，形成完整的乡村治理体系。（1）认真梳理和理清现有的乡村的管理制度和规范。通过借助公益律师等外部力量，确保村里的各项规章制度有相应的法规依据，做到条块清晰，结构严谨，功能齐全。通过制定具体的各项实施细则，使规章制度合法合规简洁好用，具有可操作性。要将村里存在的难点问题和急需规范的事项纳入制度体系之中。借助制度体系的构建，将乡镇党委的治村意图与村民自治的共意融合在一起。支持村党组织和村委会按制度治理村务。（2）充分发挥村规民约在乡村治理中的积极作用。村规民约是夯实基层社会治理的有效方式。村域范围内的违建、环境、安全、违法出租等问题均可以列入村民自治章程，并实行最为严格的惩罚。违反

---

① 在整合村级各类服务人员的过程中，发现各村级服务人员存在人员分散、职责不清、报酬不统一、管理失衡的问题，需要上一级部门研究整合现有各类人员的配置和考核办法，便于镇、村使用。建议就镇级执法中心建设、村级网格化管理增加专职公益性岗位人员，用于镇村工作规范化管理。

② 根据金海湖镇的调研，发现村庄内居住环境既有共性问题也有个性问题，共性问题如污水直排、私搭乱建、乱堆物料、小广告、施工现场未苫盖等。个性问题如翻建房屋物料乱放、不苫盖、旱厕、路边圈地围挡、牌匾过多、建筑垃圾堆放未苫盖、电表箱锈蚀老化等。以上问题，60%村里能自处理，像污水直排、电表箱锈蚀老化、健身器材老化等类问题需要项目及资金投入，应用服务类"吹哨"方式解决。

村规民约者，可以实施断水断电、断福利、断公章，并签订责任书、承诺书。村规民约中明确规定，向村民及流动人口收取管理服务费用，包括停车费、水电费、卫生费等，收取的费用均用于增加村庄日常管理的人员和设备开支，可以有效解决基层社会治理资金、人员、设备力量不足的问题。

3. 运用好党员"积分制"和"党员夜校"等手段，强化"吹哨机制"责任主体的意识。党员"积分制"管理机制是解决农村党员教育管理方式单一、宗旨意识淡薄、自我要求不高等现象的有效手段。如金海湖镇"党员积分制"是从"基本要求项、先锋作用项、违纪扣分项、红线清分项"四个维度30项考核指标对党员行为进行规范。同时规范"三个一"日常管理，各村党支部成立积分考核评议小组，对党员日常管理实行"一卡一册一栏"，即党员手册、党员积分卡、积分公示栏，实行"每月累计、季度公示、年终总评、全程亮分"的计分办法，对党员的日常管理工作予以量化考核。党员积分采取三种渠道：一是直接积分。党支部根据党员参加会议、交纳党费等记录直接积分。二是党员申报积分。党员本人提出书面积分申请和相关证明，由村积分考评小组进行核实，村支部会讨论认定。三是支部提议积分或扣分。发挥先锋作用突出的或有违纪违法行为的，由村支部提议、讨论后进行积分或扣分。三种渠道收集的分数，由考评小组进行汇总，确认无误后进行季度公示。年底把积分按照优秀、合格、不合格等次进行划分，不同层次进行不同级别的奖励与惩罚，真正实现党员日常教育可量化，考核有抓手。"党员夜校"是通过对党员进行党章党纪条规、中心工作响应与政策解读以及农村实用技术等内容的培训，不断提升党员的素质和服务农村工作的本领。"党员夜校"强调三个结合即政治性与实用性结合、网络学与现场讲结合、专家讲与党员评结合，四个贴近即贴近方针政策、贴近中心工作、贴近镇情村情、贴近党员实际。三个保障即组织保障、制度保障、硬件保障。应该说"党员积分制"和"党员夜校"是发挥农村党员先锋模范作用，加强支部战斗堡垒作用的有效机制。

[周美雷，中共北京市委党校（北京行政学院）政治学教研部主任、教授]

构建"街乡吹哨、部门报到"常态化机制

邱 锐　赵恩国　毛初颖

"街乡吹哨、部门报到"是北京市正在进行的基层治理、行政执法体制改革的一项重要举措,是坚持问题导向、理顺条块关系、破除基层治理体制机制弊端,解决城市治理"最后一公里",推进首都治理体系和治理能力现代化的重要制度安排。一定程度上破解了长期以来存在的行政管理"条块分割"的问题,即行政权力和资源主要集中在行政主管部门,而管理责任又压在街乡基层政府身上,造成了"看得到的管不了,管得了的看不到"的不利局面。

现阶段,由于市委、市政府高度重视这项工作,街乡一吹哨,部门都会积极报到,但是报到之后怎么办?如果相关部门报到之后出工不出力,问题还是得不到解决。因为困扰执法的客观因素主要还是执法部门之间职责划分不清晰、执法机制不健全,所以在面对比较复杂的执法工作时,例如,被管理对象不配合、法定的强制执行手段不够强硬,执法部门之间就会以"职权法定"为借口相互推诿、怠于履责。面对这种需要裁决的难题,街乡的"哨"应当怎么吹?部门应当如何"报到"?亟须完善制度规范,避免"运动式"执法,构建"街乡吹哨、部门报到"的常态化机制。

一　"街乡吹哨、部门报到"执行过程中出现的主要问题

1. 理解认识表面化。不少同志认为,"街乡吹哨、部门报到",就是街乡"吹哨"让部门帮助解决问题,部门报到就是了;你"吹哨"我就来,你不"吹哨"我就不来,等等。认识理解上完全陷入表面化的语境

里，而不是作为一种形象化表达的体制机制。这种肤浅的理解导致贯彻落实的表面化、简单化，也不利于"街乡吹哨、部门报到"体制机制的落实推进。

2. 任务执行简单化、碎片化。推进"街乡吹哨、部门报到"体制机制过程中，大家都提出了一个共同的问题，就是没有一套完整的制度体系。街乡发现了城市治理中的问题，需要部门协调解决，但应通过什么样的规范程序来推进，没有明确。现在街乡、部门都按照要求推进落实，但都仅仅是作为一项任务，而不是规范的组织形式和有效的机制。在推进综合执法实体化平台建设中，由于各个区的情况不同，推进综合执法平台实体化有难度。有的区因街道、乡镇数量大，行政部门执法人员数量相对少，派驻存在困难。比如环保系统，各区都基本做不到每个街道派驻两人。

在推进城市治理过程中，涉及方方面面的问题，许多问题是街道乡镇自身解决不了的，需要各行业主管部门共同协作解决。当前，市委、市政府确定的"三大任务""三大攻坚战"是重点，街乡、部门配合度高。在诸如民生、文化等领域，许多问题是街乡自身解决不了的，需要部门支持，这样就有可能形成"街乡吹哨频繁，部门报到忙乱"的现象。还有的同志担心，如果各个街道乡镇都频繁"吹哨"，部门只能疲于应付，甚至出现无暇顾及，缺人"报到"的情况。由于任务不明确，导致了体制机制推进过程中的碎片化。

3. 权责错位形式化。街道乡镇和行业部门都有法定的权力边界、职责范围、责任分工。如果权力边界错乱，职责交叉和责任不清，则会回到"谁都可以管，又谁都可以不管"的老路。推进"街乡吹哨、部门报到"体制机制过程中，街乡的同志比较担心过度强化属地责任而弱化了行业主责，导致出现"看得见的管不了，管得了的看不见"的情况。行业部门作为主责部门因"吹哨"而报到，则自觉不自觉地排除了主责，不利于问题的解决，如果长此以往，就演变成一种走过场的形式，无法真正解决城市治理中存在的突出问题。

4. 重点不明无序化。街乡哪些问题应该"吹哨"，怎么"吹哨"，现在都处在探索阶段。从街乡的角度看，城市治理中存在的许多问题都是自身难以解决的，在法定职责上主要是行业部门的管辖范围，街乡从属地责任考虑都希望通过"吹哨"解决。从行业部门看，如果街乡事事都吹哨，部门从人力、程序和资源等方面都难以实现，可能会出现"报到的人不管事，报到了也定不了事"的情况，形成一种协调无序、解决不力、效能不高的局面。

5. 动力不足被动化。"街乡吹哨、部门报到"体制机制要有完善的保障措施，特别是要解决好动力问题。如果没有相应的保障措施，就可能出现街乡"凡事我吹哨、自有部门来报到"或是"吹哨后撒手"的情况，也可能出现行业部门"存在问题不管了，自有街乡来吹哨"或是"你吹你的哨，我只管报到，事还解决不了"的情况。避免可能出现的这些问题，必须要有相应的约束激励机制作保障，才能真正使"街乡吹哨、部门报到"体制机制扎实有序推进，取得实效。

二 完善街乡"吹哨"规则，明晰部门"报到"的责任边界

1. "街乡吹哨、部门报到"的精髓实质上是"整体政府"的理念，政府各层级以及各专业部门的分工不能变异为分裂，不能偏离基本宗旨和目标。建设整体政府，就必须打破政府内部分工的组织壁垒和各部门的自我封闭，不断从分散走向集中、从部分走向整体、从破碎走向整合，强化部门间的沟通协调合作，促进功能整合和资源共享，提高管理水平和服务质量，有效应对突发事件，为社会和群众提供无缝隙的整体性政府公共管理和服务。

街道办事处（乡镇政府）承担着综合管理和服务职能，最贴近群众，最能反映民生、民意和群众的需求，最有压力和动力去全面、及时、准确回应社会关切。因此，由街道办事处（乡镇政府）代表群众提出问题、提出需求，倒逼政府各行政主管部门在政府内部整合职能、统筹协调，可以形成行政执法体制改革的第一推动力。"街乡吹哨、部门报到"本身并非是问题解决的答案和终点，而是深化改革的发令枪、综合统筹的平台、群众监督的窗口、政策效果的检验场。执法力量下沉到基层，使基层获得更大的授权和更多的资源，但并非要在基层设立职能庞杂、专业混同的部门，建立万能型的基层组织。现代化专业分工依然是社会常态化管理的基础，"条专块统"依然是行政管理的基本模式。街道办事处（乡镇政府）要想把"哨"吹得好，就必须明晰自己职责权限的边界，要针对实

践中管理问题的症结和病灶,在几个薄弱环节上尝试发挥裁判和组织者的作用。

2. 树立街乡"吹哨"的权威,就应当赋予街道办事处(乡镇政府)考核部门的权力,考核的前提是部门责任边界清晰。通常面对执法难题时,相关执法部门间往往依据各自领域的规定互相质疑对方的职责边界,由于缺乏法定、高效、针对性强的裁决制度,很多争议长期得不到合法、合理、权威的裁定。一般来说,裁决应当由共同的上级机关作出,然而这种金字塔式的争议解决体制,往往效率和效果都不是很理想。如果向上集中权力,必然造成处理能力的瓶颈,而且上级机关关注的往往是全局性、普遍性的问题,处理一个具体事件很可能会形成具有普遍约束力的原则、惯例,因此需要考虑周全、慎重处置。如果每次争议都依赖上级裁决,有可能耽误解决具体矛盾的时机;即便形成了抽象原则,针对具体问题,还是得具体分析,由一线的指挥中心临机协调、裁决仍然有着不可替代的作用。由于街道办事处(乡镇政府)承担着综合职能,本身对于执法部门的争议没有利害关系,又最了解实际情况,可以担负起协调、裁决具体争议的"吹哨"职责。

执法部门间发生争议,应当进行差异化处理。一方面,要研究长效机制,甚至提请修改法律规范,这是上级机关的职责,需要长时间深入地调研、讨论和严密、规范的程序;另一方面,针对已经发生、亟待处理的个案,则应该破除条块分割的壁垒,站在整体政府的角度临机处置,这就可以由街道办事处(乡镇政府)进行协调、裁决。街道办事处(乡镇政府)要履行好这一职责,需要建立三个配套的机制:

(1)裁决要尽量明确单一的主责机关,如果确实难以确定或者单一机关不能独立解决问题,可以要求相关部门开展执法协作,采取统一调度、联合调查取证、共同处理等形式有效处置。共同处理就是强调执法效率,不纠结于职责划分的争议,发生争议的执法机关可以采取共同行使职权、共同作出执法决定、共同承担责任的方式执法。

(2)具体问题处理完毕后,应当及时向发生争议的执法部门的共同上级机关报告,上级机关应当制定对解决同类案件具有普遍指导意义的实施意见,或者提请修改相关法律规范。涉及常态化执法的实施意见,必须强调严格的职责法定、权责一致、责任明晰的原则。

(3)依据《行政处罚法》等法律的规定,涉及执法机关之间职责调整的，只能由市人民政府作出。因此必须通过地方性法规或者政府规章作出如下规定：街道办事处（乡镇政府）协调、裁决执法机关之间的争议，涉及职责划分和调整的，视为市人民政府的授权行为，但不得超越政府整体行政职责范围，不得损害行政相对人的合法权益。为保证行政行为的公定力，还应当规定：协调和裁定确定的职责划分和调整方案，即使事后被撤销了，并不影响执法部门根据方案确定的职责做出执法行为的效力。

三 构建"街乡吹哨、部门报到"的常态化机制

1. 统一思想认识，明确目标，抓住重点事项。推进"街乡吹哨、部门报到"的目的，是要构建完善有效的体制机制，提升首都治理体系和治理能力现代化。只有把思想统一到这个目标上来，才能真正形成推进"街乡吹哨、部门报到"的思想自觉和行动自觉。在明确目标的同时，要抓住重点事项。事事都"吹哨报到"不现实，也不具有可操作性。需要"吹哨报到"的重点应该放在四个方面：一是全局事，即需要各单位、各部门密切配合才能完成的任务。二是扯皮事，需要由属地街道（乡镇）统筹协调各部门共同解决。三是老大难事，需要街道乡镇和行业主管部门齐心协力解决。四是应急事，需要街道乡镇和各部门快速联动，迅速高效处置。

2. 坚持问题导向，把握"综合、下沉、协调"三个关键点。首都城市治理重在解决"大城市病"问题，在治理层面要把握"综合、下沉、协调"三个关键点。"大城市病"本身就是综合病，城市中的问题也是综合的。比如违法建设，在形态上既有违法建设本身的问题，也存在违法经营及安全隐患等问题，问题都是综合的，必须要采取综合手段、综合措施，组织综合力量才能解决；行业主管部门的执法力量、工作重心应下沉街道乡镇，要树立鲜明的基层导向、问题导向，做实做强街道乡镇；在这个过程中，街道乡镇与行业主管部门要密切沟通、协调合作。按照"统一审批、集中监管、综合执法"的原则，整合行政管理资源，推进形成职能综合、力量下沉、上下贯通、顺畅高效的组织机构和职能体系，特别是要结合机构改革把能够下放街道（乡镇）的权力下放，使得街乡有权办事、有能力解决事。

3. 深化体制机制改革，鼓励探索创新。围绕首都治理体系和治理能

力现代化，允许基层大胆探索实践，着力推进基层治理体制机制改革，形成一批可推行、可复制的典型经验。一是推进组织机构改革。结合党和国家机构改革部署，坚持"效能优先、扁平管理"，深化街道（乡镇）和部门的"大部制改革"；二是深化综合行政执法体制改革。综合行政执法体制改革是当前基层治理中急需改革的内容，要认真总结北京市综合行政执法改革经验，加大改革推进力度和层次。在街道乡镇组建综合执法实体平台，条件成熟时，在街道乡镇组建一支统一的综合执法队伍，探索和实施行政相对集中执法权，提高基层行政执法效能。三是推进评价考核、问责机制改革。要理顺考核关系，坚持"上级考核下级，属地考核部门"原则，构建市考核区，区考核街道（乡镇），区、街道乡镇考核对应层级的行业主管部门的机制。考核关系的转变，将有利于"街乡吹哨、部门报到"机制的推进；建立按职追责的问责机制。建立"容错"机制，在不违反国家法律和党纪党规"红线""底线"的前提下，对因工作履职疏忽大意等问题，建立类似于其他地区的"容错"机制，对"充分履职、全面履职"的建立"尽职免责"的免责制度。四是深化城市治理方式改革。坚持源头治理、系统治理、综合治理和依法治理，强化城市治理的"前端设计"，减少"末端执法"。加强城市服务管理，加大在城市治理中的政府购买公共服务力度，在服务中提升管理水平。综合运用经济手段、行政手段、法律手段治理城市，特别是要善于运用法律、行政手段管理城市，确保城市运行安全有序。

4. 着眼落实实效，强化五个保障。一是强化党建统领。坚持和加强党对城市治理的领导，扎实推进区域化党建工作模式，依托党组织和党员"双报到"平台，构建区、街乡、社区（村）三级党组织平台，在街（乡）综合执法平台成立"大党委"，强化对综合行政执法工作的统一领导，不断增强党领导基层治理的能力。建立领导干部定点联系和驻区进村制度，牵头解决基层实际问题，示范推进"街乡吹哨、部门报到"体制机制落实，不断提升首都治理体系和治理能力现代化。二是强化法治保障。加快街道办事处地方立法，完善城市管理地方法律体系，做到城市治理有法可依。三是强化制度保障。按照职责法定原则，构建权责清晰的制度保障体系，进一步梳理街道乡镇和行业主管部门职责，科学制定各自的权力清单、责任清单和任务清单，涉及职责交叉的制定主责清单。按照属地统筹思路，制定"街乡吹哨、部门报到"的工作流程和工作机制，确保"吹哨报到"有章可循、有法可依。建立有效的监督机制，建立日常督查和重点巡查制度，推动各职责主体履行职责。四是强化科技支撑。加强"智慧城市"建设，着力推进城市管理网、社会治安网、社会服务网等"多网融合"，发挥科技在城市基层治理中发现问题、协同指挥等方面的优势，提高城市治理效率。五是强化经费保障。按照"费随事转、倾斜基层"原则，设立街道乡镇基层治理专项经费，确保城市管理没有后顾之忧，基层治理不为钱发愁。

5. 规范执法行为，避免"运动式"执法。要发挥街道办事处（乡镇政府）的特殊作用，必须创新执法机制、规范执法行为。可以考虑建立同地区、同性质的"批量"案件的新型执法机制，由街道办事处（乡镇政府）牵头组织相关执法机关制定并公开执法方案，明确执法次序并说明理由，由街道办事处（乡镇政府）组织利害关系群众监督系列性的执法活动。这样既能保证公平性，又能保证常态化的管理运行在法治轨道上。要尽量避免"运动式"执法，"运动式"执法必然损害法律的严肃性和日常管理的长效性。

蔡奇书记指出："'街乡吹哨、部门报到'不是一句口号，而是一种机制。"什么是机制？机制就是制度化了的工作方法。我们在立法中，往往静态制度规定的比较多，动态机制涉及的比较少。制度往往侧重于构建静态法律关系，研究权利义务、职权的划分等，关注的是普遍性、一般性的问题，但是，法律制度在运行中，往往会出现一些过渡性、边缘化、极端化的问题，不去处理这些问题就会造成执行的死锁，对于这些特殊问题的处理，法律明文规定的办法很少，实践中执法者又必须让这些制度运行起来，不可能不借助个人的主观能动性去临机处置，但是执法尺度和自由裁量权的随意性如果没有规则限制的话，就会演变成法治政府难以控制的风险。因此，我们应当运用法治思维和法治方式，将执法实践中的经验、方法去芜存菁，及时地制度化、法治化，既尊重一线执法人员的实践，又保障法治的统一和权威。

[邱锐，中共北京市委党校（北京行政学院）中国特色社会主义理论体系研究中心副教授；赵恩国，北京市石景山区古城街道；毛初颖，北京市政府法制办综合处]

构建"党领共治"的基层治理体系

鄢爱红

党的十九大报告指出,要"不断推进国家治理体系和治理能力现代化","构建系统完备、科学规范、运行有效的制度体系"。在建立和完善基层社会治理体系实践中,北京创造了党建引领"街乡吹哨、部门报到"(以下简称"吹哨报到")的实践经验。经过一年多的探索,各区及街乡结合各自特点创造了很多实践经验,在理论上、思想认识上以及方式方法上都越来越系统、深入和丰富。同时,在推进改革的持续发展过程中,遇到的困难和问题也开始显现。为巩固改革成果,推动改革向党建引领深化、向社区治理深化、向街乡镇改革深化、向解决群众身边问题的深化,需要以系统思维破解改革引发的系统性、体系性问题,构建"党领共治"的基层社会治理体系。

一 "吹哨报到"是建立和完善中国特色基层社会治理体系的实践探索

"吹哨报到"强化了基层党的组织力,为党在基层社会治理中发挥堡垒作用奠定了组织基础。"吹哨报到"改革将党组织的资源、服务、管理向基层倾斜,破解基层党组织统筹协调能力不足、凝聚社会组织和群众作用不强等突出矛盾,在夯实党在基层的执政基础和巩固党的群众基础方面创造了实践经验,切实加强了党对基层社会治理的组织力和领导力。通过"吹哨报到"改革强化各级党组织抓基层治理的主体责任,用党的政治优势、组织优势整合撬动社会资源,搭建共建共治平台,动员各界力量参与基层治理,为基层破难题、解民忧,凝聚强大力量,提供坚强保障。基层治理一直面临"看得到的管不着,管得着的看不见"的治理难题,"吹哨报到"改革在现有行政管理体制不变的条件下,通过党建引领,采取给街乡赋权、建立党建工作协调委员会、党组织和在职党员"双报到"等举措,强化了街道乡镇党(工)委和社区党组织的领导地位,巩固了党在基层的执政基础。"吹哨报到"激活了长期以来沉寂的社会资源,注重发挥驻区单位、在职党员作用,增强驻区党组织、在职党员的组织意识、身份意识、责任意识,强化了基层党组织在组织发动党员参与社会治理中的功能,增强了新时代党的社会号召力。

"吹哨报到"改革以问题为导向,以基层为导向,以群众需求为导向,初步解决了基层治理碎片化、基层组织官僚化的问题。"吹哨报到"撬动了长期固化的条块关系,改革通过赋权、下沉、增效,对体制内的行政资源进行重新整合、打包下沉,增强了街乡党(工)委统筹协调各类行政资源和执法力量的权力,形成在基层及时发现问题、迅速解决问题的工作机制。在基层治理中,街道社区机关化、对上不对下、脱离群众的问题日趋严重,成为悬浮型组织。"吹哨报到"引导街道推进大部制改革,由向上对口转为向下对口,通过街道干部下沉到社区、设立社区专员等方式,让街道社区回归服务群众本质。

"吹哨报到"改革回应群众诉求,加强了基层党组织与人民群众的联系。基层治理千头万绪,老百姓身边鸡毛蒜皮的小事解决得如何,关系到城市治理水平,关系到党群关系,也关系到群众的生活质量。街道乡镇最贴近群众,最能反映民生、民意和群众需求,最有压力和动力回应民众诉求。"吹哨报到"改革以群众需求为导向,以解决好服务群众"最后一公里"为目标,让最了解群众诉求的街乡基层一线发出解决问题的集合令,各部门共同响应、服务群众。通过建立"接诉即办"机制,切实增强群众的幸福感、获得感和安全感。

二 深化"吹哨报到"改革需要处理好四对关系

现代社会治理体系由组织体系、制度体系、运行体系、评价体系和保障体系构成。其中,组织体系是主体,制度体系是依据,运行体系是路径,评价体系是标准,保障体系是支撑。它们既相对独立,又互为一体,从而架构起治理社会的互为前提、互相制约与互相推动的社会网络。一项改革能否深化、持久,其核心在于能否解决改革所引发的系统性和体系性问题，能否解决改革的内生动力问题。"吹哨报到"在组织体系和运行体系方面做了一些探索，但其制度体系、评价体系和保障体系有待进一步深化。自上而下的行政动员与自下而上的自发需求之间尚未形成有机结合，基层治理创新的内生性、持续性有待深入。

党建引领与政府管理的关系。"吹哨报到"改革通过组织体系和考评体系的改革撬动了固化的条块关系，强化了党建引领和党的领导在基层治理中的作用。但是，"吹哨报到"是聚焦中心工作推进、难点问题解决、应急问题回应3类非常态问题而形成的一种到一线解决问题的导向和机制，是对关乎群众切身利益与城市管理重大问题的系统治理方式，是一项解决非常态问题的常态机制。要坚决杜绝"平时不管、吹哨时管"，坚决杜绝以"吹哨报到"代替政府的日常管理。一些政府部门对"吹哨报到"改革的实质还存在理解不到位的情况。例如，一些街道乡镇尚纠结于哪些问题应该"吹哨"，怎么"吹哨"；一些部门对执法权下沉后的职责定位出现模糊认识，出现有的以"吹哨报到"代替日常履职，出现"吹哨方报到，报到心不到，出工不出力"，或者"报到的人不管事，报到了也定不了事"的不良现象。

党建引领与社会共治的关系。"吹哨报到"改革推动了体制内党员在社会治理中的参与积极性，但对体制外的居民积极性的调动方面还很不够。从社会治理体系看，"吹哨报到"解决的是党委政府的内部运行问题，还没有完全解决动员群众、发动社会力量参与的问题。目前，社会治理主体仍较为单一。社区居民的主观能动性和责任感尚未有效激发，"政府干，群众看"，"政府买单、群众不买账"的现象问题没有得到有效根治。长期以来，基层社会治理中存在组织居民、发动居民的能力减弱，居民的自治意识、法治意识和道德素养没有与市场化改革同步发展等突出问题。社会力量和专业力量的优势没有充分发挥，多元协商共治仍缺乏制度化的平台和渠道。在接诉排名压力下，街道乡镇承担了大量需要市场机制和社会机制发挥作用的事务，加重了基层的财务和管理负担。这些问题得不到有效解决就会影响改革的有效性与持续性。

党建引领与法治保障的关系。"吹哨报到"改革在区街两级形成合力，共同解决疑难问题，效果显著。但随着改革的深入，触及基层治理中的实质问题和硬骨头都是涉及政策和法律方面的问题，需要市级层面加大政策和法律措施的研究力度，从源头上解决问题。比如老旧小区的物业管理，特别是央企产权和军队产权的小区失管弃管问题已成为很多群众反映的焦点，仅仅靠区街"吹哨报到"并非切实可行的解决办法。街道工作中经常遇到的拆违难题，常常找不到执法依据，采取强拆措施就意味着承担法律风险。《北京市街道办事处工作规定》颁布于1999年，相关规定已不适应新时代街道工作实际。社区治理中涉及大量的社区居委会、物业公司、居民关系问题，均期待《物业管理条例》进行规范。深化"吹哨报到"改革要求解决好党建引领和法治保障的关系，需要向党建引领深化，不是党建引领代替法治保障，而是党建要为法治保障发挥引领作用。

机制创新与体制改革的关系。"吹哨报到"是一种工作机制，机制的变化必然引发体制的变化，局部体制的改革需要全局改革的支持才会有效而持久。作为一项改革，"吹哨报到"的本质和创新在于其"问题导向、系统解决"的思路和机制。这种机制引发的条块关系变化、街道大部制改革、城市管理综合执法等，与政府整体的系统性改革密切相关。一项改革的深化和推进，需要把自上而下推进与自下而上探索结合起来。自上而下的改革具有影响走向和实效的作用，基层的改革创新如果没有自上而下的推进相配合，就会出现"下改上不改，改了也白改"的问题。与此相应，责、权、利的匹配对等是深化改革的关键。比如协管员队伍管理、多网融合等问题，其职权在上级部门，交给基层统筹解决难度较大。市民诉求反映的很多问题街乡也解决不了，街道大部门改革的运行必然需要上级部门相应机制的适当调整。

深化改革需要从质和量两方面提升基层干部队伍的素质。"赋权""下沉"需要与基层干部队伍的激励机制相匹配，才能达到增效目的。抓党建关键要抓组织体系的运行，组织体系运行的关键环节是人。当前，基层干部队伍建设面临吸引力不足，高素质人员进不来、留不住、干不长的问题。从近几年的公务员队伍素质结构，以及考录公务员的人员来源结构中都能发现这些问题。基层干部队伍的素质决定着基层治理的效果，基层治理中的问题很多与基层干部创造性地执行上级决策和方针的能力有限有关。如何配强基层干部，增强基层岗位的吸引力，把优秀的人才吸引到基层、留在基层、成长在基层，是决定上级决策和改革在基层落实和取得成效的关键。

三　进一步完善党委领导、政府负责、社会协同、公众参与、法治保障的社会治理体制

"吹哨报到"试点经验表明，基层社会治理必须贯彻落实好"坚持党对一切工作的领导"这个原则，发挥好基层党组织在同级各类组织中的领导作用。从党领导基层社会治理体系的角度来说，要进一步发挥党建的引领作用，构建"党领共治"的基层治理体系。具体说，就是要进一步完善党委领导、政府负责、社会协同、公众参与、法治保障的社会治理体制，形成党领导下的共建共治共享的全面治理新格局。

"吹哨报到"改革要向党建引领深化，处理好领导与管理、领导与服务的关系，逐渐实现组织引领向功能引领的提升。① 党是基层社会治理的方向和价值引领者，为基层治理提供人才支撑与保障。党领导各类主体按照规则治理社会。在党建引领和政府管理的关系上，要明确党的领导地位与政府职责。在"吹哨报到"改革中，实际上赋予了街乡对辖区社会治理的组织推动权、辖区基层执法统筹指挥权和对部门基层治理工作的监督权。在没有法定依据的情况下，容易出现权力边界不清导致的新的职责交叉。应进一步明晰街乡和部门的职责，重构基层条块之间的权责关系，加大对各个部门间统筹协调的力度。要把正向激励与反向问责有机结合，双向发力，最大限度激发职能部门及时报到、积极解决问题的主动性，打通服务群众的最后一公里。

在党建引领与社会共治方面，进一步厘清政府、市场和社会的关系，处理好党的领导与社会参与的关系，处理好体制内上下协调与体制外左右联动的关系。"一方面注重加强市场和社会组织等多元行动者对公共事务的参与，另一方面特别强调政府对政府以外行动者的主导和支配作用。"② 推进"吹哨报到"改革，目的在于搭建党组织领导下的各部门和全社会共同参与基层治理的平台，让各种组织都发挥主体作用。要处理好政府、市场、社会三者在基层治理中的关系，政府不能大包大揽、唱独角戏，可用市场手段解决的要发挥市场作用，该社会解决的，要引导社会积极参与。参与基层社会治理是公民能力建设的重要内容，实现治理现代化，"要增强公民的社会责任，提高

---

① 吴新叶：《党建引领基层社会治理的新趋势及其应对》，《国家治理》2017年第1期。
② 田凯、黄金：《国外治理理论研究：进程与争鸣》，《政治学研究》2015年第6期。

公民的治理能力，塑造公民的政治认同和社会团结"①。在基层治理中，群众是权利与义务相统一的主体，要发挥党建的引领作用，最大限度地调动群众参与社会治理的主动性和积极性。

在党建引领与法治保障方面，要突出党在加强政策和法治建设方面的引领作用，加快相应的立法进程，培育公民的守法意识。但凡改革，必然带有一定的"破法"性质。深化改革就需要总结前期试点的有效做法，以法律和政策固化改革成果。这需要稳步推进立法的进程，让改革有法有据，靠规则的稳定性、明确性，引导激励街乡、部门、社会组织和公民各负其责，为改革导航、护航。要加快《北京市街道办事处条例》的立法进程，明确街道办事处执法主体资格，为城市基层治理提供坚实的法律保障。在社会共治方面，强化规则导向，广泛发动民主协商，完善细化规章制度，不断强化法规意识，引导群众依法依规有序参与社会治理。

在机制创新与体制改革方面，重点解决职责职权、机构设置、人员配备这些核心问题。党建引领基层社会治理，必须从带有根本性、稳定性和长期性的体制机制完善方面下功夫。从长远看，"吹哨报到"的整体推进，还需要在职责权限调整、资源力量统筹、工作流程再造等方面进行深层次的改变，解决职责职权、机构设置、人员配备这些关键的体制机制问题。在组织建设与干部队伍建设方面，要进一步完善干部考核、激励、奖惩制度和机制。提升基层干部岗位的吸引力，增强和保护基层干部干事创业的激情和热情，加大从基层选拔和培养干部的比重，切实提升基层社会治理能力和治理水平。

[鄢爱红，中共北京市委党校（北京行政学院）中国特色社会主义理论体系研究中心教授]

---

① 俞可平：《自治与基层治理现代化》，《党政视野》2016年第7期。

党建如何引领"街乡吹哨、部门报到"

张玉宝

自2018年2月北京市正式出台党建引领"街乡吹哨、部门报到"实施方案以来，全市16个区169个街乡进行试点工作，积极探索党建引领基层治理体制机制创新。目前，这项改革已经取得显著成效，一些比较突出的城市治理老大难问题也得到了有效解决。

但是，由于这项改革还处于探索阶段，在实施过程中新情况新问题不断出现。从党员群众的关注点和反馈情况来看，讲治理的多，谈党建的少，对于党建如何引领"街乡吹哨、部门报到"，基层党组织和党员应怎样介入社会治理等问题还存在说不清、做不了等现象。一些地方虽然设立了党建联席会、区域化党建协调委员会等平台，但主要还停留在开会协商、简单联谊等层面；多数在职党员报到后参与的都是搞社区清洁卫生等简单活动，党员有意见，群众不认可。部分党务工作者对党建引领"街乡吹哨、部门报到"中的"党建引领"思想上不重视、思路上不清晰、执行上不到位，已经成为制约党建引领"街乡吹哨、部门报到"工作继续推进的瓶颈，需要在理论和实践上重点突破。

首先，要坚持党的领导，深化区域化党建工作。

党政军民学，东西南北中，党是领导一切的。党建引领"街乡吹哨、部门报到"，要确保街乡党组织在属地社会发展和社会治理中发挥领导作用，在事关地区发展的重大事项、重要决策、重点问题上能够把方向、管大局、保落实，切实体现党的意志、代表人民群众的利益。

党建引领"街乡吹哨、部门报到"，要在"引领"上多下功夫，在推进各执法职能部门和属地条块整合过程中更加注重各基层党组织之间的条块整合。"街乡吹哨、部门报到"工作机制在党建领域具有典型的区域化党建特征，在党建工作方面就是要突出街乡党组织的统筹协调功能，实现区域内资源共享、组织共建、活动共搞,进而推进社会的共商、共治、共享。其主要抓手就是进一步落实完善基层党组织向属地街乡党组织报到制度。

目前,市属机关企事业单位党组织基本上都完成了向属地党组织报到的任务,但由于还缺乏更明确细致的政策规定,缺乏硬性的指标要求,缺乏整体联动的系统督导考核,导致区域化党建工作仍然过虚、过软,部分街乡党组织还存在不会、不敢、不能有效协调引领驻区单位党组织的情况,一些驻区单位党组织参与党建工作缺乏积极性、主动性,街乡党组织小马拉大车的局面并没有真正改变。

只有进一步把区域化党建做细做实,切实加强基层党组织之间的上下联动和左右互动,突出街道乡镇党组织的统筹协调功能,才能真正实现基层党组织对"街乡吹哨、部门报到"的引领。这不仅要通过细化政策、健全机制赋予街乡党组织更多的权限,给予属地内各类基层党组织更多的压力和动力,也需要通过政治教育、政策宣传等方式进一步提高领导干部的政治站位,增强广大党员干部的政治意识、大局意识、核心意识和看齐意识。各基层党组织在"街乡吹哨、部门报到"工作中要旗帜鲜明地讲政治,积极融入大局,做推进社会治理的排头兵,确保使命必达,动员有力。

其次,要坚持以人民为中心的理念,践行党的群众路线。

党建引领"街乡吹哨、部门报到"是在党的领导下基层政府、职能部门、基层党组织和广大党员践行党的群众路线的一种新的探索。在基层党建工作领域要把群众的认可和支持作为基层党组织开展活动的最大动力。街乡党组织工作的立足点应放在解决群众关心的实际问题上。从目前的实践反馈来看,多数社区党组织组织在职党员开展最多的活动是搞社区清洁卫生。这虽然是党员服务社区的应有内容,也能够在一定程度上增强党员意识、发挥党员作用,但未必是群众最希望解决的问题。而且,对于不少在职党员而言,甚至是一种热情、时间和精力的浪费,并没有实现其回社区(村)报到工作的初衷。

要改变这种行政化自上而下部署任务的行为方式和思维习惯,形成眼光向下的工作导向,确保民有所需,基层党组织要有所应。要进一步完善基层党建工作督导考核机制,充分体现社会大众和普通党员的主体地位,各类基层党组织都要自觉接受群众评议和社会评价,逐步实现基层党建工作由量到质、由虚到实、由被动到主动、其成效由上级党组织说了算到人民群众和普通党员说了算的转变，构建基层党组织和普通党员密切联系群众的长效机制。

要加强基层服务型党组织建设，通过对基层党组织和广大党员的再动员、再组织，广泛开展以党员为骨干的各类志愿服务，通过基层党建工作实效，努力赢得人民群众的信任与支持。同时，要注意服务群众并不是党组织要代管群众的一切，而是要突出基层党组织的政治引领功能，通过各种方式将群众组织起来，将各类社会资源整合起来，形成社会治理的合力，最终实现由群众"站着看"到"跟着干"再到"自己管"的转变。

再次，要转变工作思路，推进党的组织设置和活动方式创新。

当前，部分街乡党组织负责人在落实在职党员到社区（村）报到工作上，仍然停留在过去的工作模式中，上级有要求，下面就被动地应付执行，将在职党员报到工作简单理解为定期组织在职党员集中搞活动。一些负责人甚至对此工作有怨言、有抵触，认为在职党员报到工作纯粹是增加工作负担。这不仅没有达到通过"双报到"使各基层党组织和广大党员积极参与社会治理的初衷，反而适得其反：由于"双报到"工作的形式化、表面化，招致党员和群众的不满，在职党员的积极性也被消磨。要尽快地统一思想、澄清认识、转变工作理念，根据新的形势与任务，积极进行党组织的设置与活动创新。

要以"街乡吹哨、部门报到"为契机，依托街乡党组织进一步扩大党的组织和工作覆盖，着力解决党组织应建未建、应调未调等问题。目前，部分新建商品房小区虽然居住人口多、规模大，但并没有同步建立相应的党组织，导致生活在社区的在职党员没地方报到或者只能向离居住地较远的社区党组织报到。一些隶属于街乡社区的经济组织、社会组织仍然没有成立相应的党组织，部分社区规模变大或缩小，但党组织的设置并没有相应调整，这些都影响了"双报到"的实际效果。在推进党建引领"街乡吹哨、部门报到"工作中，要加强基层党组织的组织建设，率先解决部分基层党组织应建未建、应调未调等问题。

要进一步创新基层党组织的设置和活动方式，突出基层党组织和普通党员的主体地位，实现基层党建工作由管理型向服务型、由行政压力型向自发动力型转变。在基层党组织报到层面，要由街乡党组织统筹协调各类基层党组织按照性质、资源、属地等原则进行联建共建，尤其要注重通过设立项目党组织、功能型党组织等方式将每名党员纳入属地社会治理中，实现党员派到一线去，支部建在项目上，要设立由相关责任单位骨干党员组成的临时党支部，一些短期不能解决的问题通过党组织的枢纽关联促进治理主体之间的交流合作；在组织在职党员到生活所在地党组织报到层面，要克服一刀切、简单化等现象，通过更丰富多元的活动、更精准细致的组织充分调动每名党员的积极性、主动性、创造性。在一些在职党员数量较多的社区，要根据业缘、趣缘、地缘等原则设立党小组或其他功能型党组织，推动各类党组织的自我管理、自我运行。

最后，要加强制度建设，做好党建工作保障。

党建引领"街乡吹哨、部门报到"是一项系统性工作，需要科学设计、严谨论证。要从部署任务、推动工作、督导考评、结果运用等方方面面构建制度闭环系统，确保制度不空转、工作不脱离初衷。各街乡党组织要在推进标准化、规范化建设的同时，总结经验、完善机制，因地制宜地探索更多的党建引领社会治理品牌。

党建引领"街乡吹哨、部门报到"的有效运转需要科学合理的工作机制，更需要既政治过硬又本领高强的人来执行。强化党建的引领作用，需要进一步加强基层党建工作保障，逐步解决街乡基层党组织党务工作者能力不足、人手不足、动力不足等问题。

"双报到"工作是否能取得实效，关键取决于基层党务工作者，尤其是属地党组织负责人的工作热情和能力素质。要加快街乡基层党务工作者队伍建设，加大对党务工作者的教育培训力度，使他们进一步提高认识、找准方向、掌握方法，丰富内容，逐步解决能力不足的问题；要充分发挥属地机关企事业单位党建资源优势，通过购买服务、选派干部挂职锻炼、聘请"外脑"等方式在党务工作力量上对街乡党建工作进行必要补充，要充分调动在职党员的主动性，激发他们积极参与街乡社区党务工作，以此真正为社区减负，逐步解决人手不足的问题；要将基层党建工作与干部任用、单位绩效紧密结合，对党组织发挥作用好、党建工作搞得活、群众认可多的街乡基层党务工作者进一步提升政治待遇和经济待遇，逐步解决动力不足的问题。

同时，要探索完善基层党组织和党员积分管理机制，加快智慧党建品牌建设，提高党建信息化水平。将党员在单位的表现与在属地的作用统筹评估考核，并与党员的政治、经济待遇挂钩，通过压力增强内生动力，逐步解决普通党员干多干少一个样的问题。要进一步加强街乡党建活动阵地保障和经费保障,确保"街乡吹哨、部门报到"中基层党组织和党员有地议事、有钱办事。要加大对基层党组织和普通党员的宣传力度,确保党组织的旗帜树起来、党员的身份亮起来,呈现新时代基层党建工作的新气象新作为。

[张玉宝,中共北京市委党校(北京行政学院)党史党建教研部副教授]

探索基层治理规律,坚持以人民为中心

以人民为中心：推进党建引领"街乡吹哨、部门报到"

杨 奎

从 2017 年平谷区金海湖镇现场综合执法机制的初步探索，到北京市委把这一机制提升为党建引领"街乡吹哨、部门报到"；从 2018 年年初 16 个区试点推广"街乡吹哨、部门报到"取得突出成效，到 11 月 14 日中央全面深化改革委员会第五次会议审议通过《"街乡吹哨、部门报到"——北京市推进党建引领基层治理体制机制创新的探索》。关于"街乡吹哨、部门报到"推进北京城市精细化治理典型经验的文章大量见诸报刊媒体，体现了北京特色、北京经验和北京创新。今天我将围绕坚持"以人民为中心"理念，深化北京党建引领社会治理、提升基层党组织组织力建设等问题的思考，与大家做一点交流。

一 心系民情："街乡吹哨、部门报到"密切了新时代党群关系

人民群众是历史的创造者，是社会主义事业的决定力量。习近平总书记指出，为什么人的问题，是检验一个政党、一个政权性质的试金石。带领人民创造美好生活，是我们党始终不渝的奋斗目标。党来自人民，服务人民是党的根本宗旨，依靠群众是党的力量之源，脱离群众是党长期执政面临的首要风险。党建引领"街乡吹哨、部门报到"，是北京新时代完善基层党建体制机制的实践探索，也是发扬党的群众工作优良传统、走好新时代群众路线的实践创新。哨声就是命令，是冲锋号，是街乡党组织传递给人民群众的希望和心声；报到就是战斗，是打歼灭战，是部门党组织传递给人民群众的平安和幸福。"吹哨报到"就是要做到"民有所呼、我有

所应",就是自下而上层层传导压力。让党员干部"走千门进万户",真正走到群众中间,与群众打成一片,深入乡镇街道,深入社区楼宇,深入田间地头,深入问题现场,倾听群众意见、满足群众需求、化解群众矛盾、解决群众疾苦,畅通为民服务的"最后一公里",让群众在每一件身边的堵心事、烦心事、闹心事得到快速、彻底解决中,切实地感受到党和政府的关怀,切实增强把北京建设成为国际一流和谐宜居之都的信心。

二 凝聚民心:"街乡吹哨、部门报到"增进了人民群众福祉

民心是最大的政治。习近平总书记指出:"一切向前走,都不能忘记走过的路;走得再远、走到再光辉的未来,也不能忘记走过的过去,不能忘记为什么出发。"坚持立党为公、执政为民,需要始终站稳党性立场和人民立场,从根本上要解决好党性与人民性相统一的问题。要把做到"两个维护"和对人民高度负责统一起来,把坚持党的领导与满足人民对美好生活的向往高度统一起来。"街乡吹哨、部门报到"是落实"看北京首先从政治上看"重要指示的改革举措,是知民情、解民忧、纾民怨、暖民心的实践创新,是增强人民群众的获得感、幸福感、安全感的民心工程。面对疏解整治促提升和背街小巷整治中,部分城市核心区和老旧小区居民反映生活便利性下降的问题,各区基层党组织"吹哨报到"迅速见行动,相继建成了一批菜市场、便利店、"口袋"公园、健身广场、社区阅览室等便民利民设施,大大提升了百姓的生活品质。同时,"吹哨报到"加快推进社区服务站改革步伐,将政务服务、市场服务、社会服务集中到服务站,一窗受理、集中办理,让百姓少跑路、少受累、少操心,提高了办事效率,方便了百姓生活,增强了人民幸福感,赢得了广大市民的赞誉。

三 维护民利:"街乡吹哨、部门报到"做到了让人民群众满意

习近平总书记视察北京时指出:"疏解北京非首都功能,不是说北京不要发展了,北京要发展,而且要发展好,只是发展动力要转变、发展模

式要创新、发展水平要提升。"北京发展得好不好,人民群众最有发言权,北京疏功能、稳增长、促改革、调结构、惠民生各项工作是否有成效,首都市民最有评价权。维护好、实现好、发展好人民群众的根本利益是做好北京各项工作的立足点和落脚点。"街乡吹哨、部门报到"围绕群众"七有"要求和"五性"需求,破解北京"大城市病",是提高城市精细化管理水平,推进城市治理向"末端"延伸,不断改善民生的新探索,是推进党建深度融合,优化资源整合,实现共商共治、共建共享的生动实践。通过"街巷长"、"小巷管家"、网格员、机关社区干部包段、"门前三包"负责人、党员社区"双报到""西城大妈""朝阳群众"、社区志愿者等各界力量的共同参与,全方位地发现问题,做到群众的事情群众自己办。通过搭建实体指挥平台,让各类执法力量"实名常驻、联片派驻、吹哨进驻",提高城市建设管理、安全运行、环境秩序等问题的统筹解决,做到群众的事情群众监督办;通过定期会商、民主协商、信息共享、监督检查、跟踪反馈、监督考核等机制,形成从区、街道到社区的整体联动,扩大了群众监督和社会监督覆盖面,做到群众的事情办得好不好,群众说了算。

"不谋万世者,不足谋一时;不谋全局者,不足谋一域。"党建引领"街乡吹哨、部门报到"任务艰巨、责任重大、使命光荣,需要我们有宣传群众、发动群众、团结群众一起攻坚克难的能力和勇气,需要我们有拜人民为师、向群众学习、依靠群众共建美丽家园的作为和担当,更需要我们始终扎实做好征集民意、汇集民智、聚集民力、凝聚民心的工作,扎实做好调查研究和统筹谋划。

[杨奎,北京市社会科学院副院长、研究员]

民有所呼、我有所应：深化党建引领"街乡吹哨、部门报到"机制研究

刘欣葵

一 "街乡吹哨、部门报到"是回应新时代对首都提出的新要求

习近平同志在党的十九大报告中指出，"中国特色社会主义进入新时代，我国社会主要矛盾已经转化为人民日益增长的美好生活需要和不平衡不充分的发展之间的矛盾。"新时代人民美好生活需要日益广泛，不仅对物质文化生活提出了更高要求，而且在民主、法治、公平、正义、安全、环境等方面的要求日益增长。因此，在新时代的背景下展开基层社会治理，关键是要让人民群众在基本公共服务之上获得更多福祉，满足不同地区、不同层次居民的多样化服务需求。对于北京这样一个超大城市来说，要满足人民群众对美好生活的向往，首先是要解决种种"大城市病"问题，而对这一问题的解决重点在基层，关键在街道。

在几十年来的城市发展中，高聚集、高密度、高开放度、高复杂性、高流动性的运作方式难免引发空间冲突、功能冲突、社会冲突、资源短缺等问题，"大城市病"就是多种冲突累积后的共振性发作。解决好北京的大城市病涉及产业、人口、空间这三大城市要素，而街道是这三大要素存在的空间载体，也是与广大人民群众生活密切相关的生活空间载体。因此，以街道为中轴展开城市治理，通过"街乡吹哨、部门报到"这一体制机制改革实现从以"条"为主的治理向以"块"为主的治理转变，符合新时代首都发展的实际要求，它既是实现产业、人口、空间疏解的有效手段，也有利于提高社区生活服务水平，有利于营造具有特色的街区环境

风貌，还有利于通过公众参与提高社区的治理能力，是满足人民群众对美好生活向往的重要机制。

因此，"街乡吹哨、部门报到"是回应新时代对首都提出的新要求，是实现民有所呼、我有所应的必由之路。这一创新的目标在于促进政府与社会的合作与互动，建立共建共治共享的治理格局，真正体现人民城市为人民的根本宗旨，让城市成为"人类能够过上有尊严的、健康、安全、幸福和充满希望的美好生活的地方"。

二 深化党建引领"吹哨报到"的机制探索

从实践看，当前深化党建引领"吹哨报到"机制主要沿着三条通道展开：一是党群通道；二是政社通道；三是上下通道，这三条通道共同通向"以人民为中心"的根本目标的实现。

(一)"吹哨报到"机制下的党群通道——南苑街道实践

丰台区抓住党群服务这条主线，通过推进区域化党建、党群服务中心和社区服务网络的建设，实现党组织建设全覆盖和再组织化，使党的领导渗透到各区域单位，包括社区居委会、社会团体等，渗透到各项重点工作，渗透到各种重点工作中，实现党组织的空间全覆盖和空间的再集结。南苑街道工委将区域党组织在空间上再组织化，形成以工委为"圆心"、以社区党组织为"内圆"、以社区单位党组织为"外圆"的"同心圆"式区域党建联合组织。共整合51个成员单位及区委组织部、区城管委、区环卫中心3个共建党组织的力量，构建组织领导明确、协调联系紧密的街道区域化党建联合会，并建立物业公司和驻区单位党组织相关负责人参加的区域化党建联和分会，形成区域性共同参与、共同协商、共同管理的组织格局。

在此基础上，发挥党员的先锋模范作用，持续开展服务群众活动，探索党员连接群众的"同心圆式"的社区组织网络。丰台区南苑街道以党组织服务群众为主线，以建立党群服务中心为社区共建空间，以党员服务群众活动为路径，建立起以党员为节点的社区服务网络。同时，加大党建经费保障力度，统筹使用各级各部门党建经费，提高资金使用效率，重点支持做好社区治理各项工作，使经费使用、活动安排切实符合群众需求。

(二)"吹哨报到"机制下的上下通道——方庄实践

在全民使用微信的大背景下，方庄地区工委以党组织、党员到街道、社区报到为契机，持续推动建立微信党群群组、楼门自治群组和综合执法平台建设，如今方庄地区已经形成微信群 563 个，覆盖党员群众 3.5 万人，覆盖居民户 60%以上。地区工委通过微信群中党员在线上发挥引领作用，党组织在线下发挥引领议事协商的作用。

方庄地区普遍建立楼门群组微信群，推动社区协商自治。社区包楼干部搭建所管辖楼的微信群平台并成为群主，群内社区干部还包括社区书记、主任、副书记、副主任等，根据社区各自特点适当将物业人员、社区民警、办事处干部等相关群体拉入微信群中。逐渐将社区骨干力量（社区党员、居民代表、楼长/楼门长、志愿者、在职党员等）纳入群中，以确保群内形成积极向上的氛围，能引导居民理智客观反映问题。区党委组织推荐部分在职党员担任副楼长，与原楼长相互合作，逐步引导居民走向共商共治的社区治理道路。

在此基础上线上线下议事互动，建立民主协商程序，围绕社区环境建设、停车管理、老旧电梯改造、老年餐、绿地养护、楼内堆物堆料清理等重点难点工作及群众关切话题，提高了政府对居民需求的回应性。

依托微信建立执法平台，形成案件快速处置流程，实现了指挥调度、记录监测、数据分析和考核评价等功能，推进了政府流程再造。

（三）吹哨报到机制下的政社通道——陶然亭实践

陶然亭街道通过区域化党建将驻区单位连接到公共服务网络中，以契约化项目运作的方式，每年发布 12 个区域共建项目和十大共建行动，近期谋划与驻区文化艺术单位、十个社区共办陶然文化节，为广大居民提供更加丰富更高质量的高品质文化产品。

通过建立基层治理研发中心，创办陶然书苑等公共教育空间平台，引进高效智库、责任规划师队、枢纽性社区社会组织。在这一空间平台中研究新时代重要历史时点中的陶然新语，开展党小组活动，引领智库研发构建"1+8"治理体系，编制实施美好陶然建设三年行动计划，在总纲的统领下，构建"党建引领、街区更新、社区治理、便利生活、长治久安、美丽陶然、文化发展、'三好'创建"八大行动。鼓励专业服务团队带动居民参与，开展精确诊断、精心设计、精细管理的治理活动，切实推进治理能力和治理水平提升。

党群通道、上下通道、政社通道，说到底是通向人民群众心底的通道。实际上，"吹哨报到"从本质上看是"人民吹哨"，不论是街道还是职能部门都是在人民的哨声下"闻哨而动",迅速响应,将人民群众的要求落到实处。在推动"吹哨报到"的深化落实过程中,关键问题还是如何将共建共治共享的治理理念与街道体制改革的制度设计有机结合。这首先要确立新时代首都治理从"有序"走向"美好"的目标导向,摆脱仅立足秩序看问题的狭隘思路,面向更为广阔的人民美好生活向往。其次是在参与治理的组织机制上下功夫,完善志愿者组织参与治理的制度构架,建立和完善志愿服务保障体系,探索自愿服务的社会激励政策,提升和发展志愿者的服务能力,将志愿者组织机制改革作为街道体制改革的重要内容。最后要在专业性上做文章,让提升治理体系和治理能力的专业化作为体制机制改革关键性目标,在最大限度保障共识性议题得到最广泛参与的前提下,让专业性议题能够回归专业,最大限度保证治理的有效性。

[刘欣葵,首都经济贸易大学城市经济与公共管理学院教授]

践行以人民为中心的发展思想，以"街乡吹哨、部门报到"助推首都城市更新

尹德挺　营立成

习近平同志指出："人民对美好生活的向往，就是我们的奋斗目标。"在首都各项工作中，落实好人民群众对美好生活的向往，就要以"四个中心"为战略定位，以"建成国际一流和谐宜居之都"为奋斗目标，积极践行以人民为中心的发展思想，为治理好"大城市病"开出良方，实现城市有机更新。对于首都北京这样一座世界级大都市而言，城市的更新不仅意味着设施的增益、空间的重组，而且还涉及产业的升级、环境的改善以及功能的优化等若干方面，这些改革实践的最终指向是人民群众生活品质的全面提升。《北京城市总体规划（2016—2035）》为首都的城市更新提供了根本原则、主要方向和实施路径，那么在此基础之上如何更为充分地体现以人民为中心的城市发展思想，在实践中有序推动城市总体规划的贯彻落实，探索出具有中国特色的城市有机更新的经验做法和制度创新，为全国城市工作起到表率性、指向性和示范性作用，是当前和今后一段时期内应该深入研究和准确把握的重大问题。近年来，以"街乡吹哨、部门报到"为主要特点的基层治理体制改革在首都实践中取得了良好效果，为新时代的首都科学发展提供了新方法新模式新思路，着力体现了城市工作"重心下移、力量下沉、服务基层"的指导思想，具有明确的实践意义和理论价值。

"街乡吹哨、部门报到"缘起平谷区金海湖镇解决盗采金矿问题时创造的联合执法经验。2018年年初，北京市委、市政府印发了《关于党建引领街乡管理体制机制创新实现"街乡吹哨、部门报到的实施方案"》，从制度上明确了"街乡吹哨、部门报到"的总体框架与行动路线。这一

制度以从根本上解决服务群众的"最后一公里"为遵循，通过为街道确责、赋权、改制、专款、赋能、增效，强化属地管理权能；通过综合执法平台的建设、服务管理网格的完善以及协管队伍的整合，优化管理平台与资源供给；通过促进专职部门、社区党员、驻区单位、志愿者、社会组织等多元力量的联动，提升基层第一线的事件响应速度与问题解决能力。因此，"吹哨报到"的整体设计归结为一点，就是要破除各种体制机制束缚，为一线工作者赋权，让基层治理增效，使"哨声"为人民需求而响，为切实问题而响，为首都建设的宏伟蓝图而响。

一是"吹好街区哨"，在空间有序更新中促进人的全面发展。

城市是人民的城市，城市空间更新如何以促进人的全面发展为出发点和落脚点，以城市总体规划的空间布局为根本遵循，勾勒出符合人民群众需求的城市空间样态是极为重要的问题。在具体的实践中，街区恰恰是介于街乡与社区之间的中观范畴，通常包含几个街巷或社区，是一个具有内在机理联结的空间区域，是"吹哨报到"的重要单元。例如，西城广内街道等地区的实践表明，利用街道工委的组织平台，由街区向有关部门、专业机构、社会公众发声"吹哨"，让这些力量在空间更新中及时报到并切实发挥作用是一种比较可行的行动方案和实践探索。对各部门"吹哨"，是为了让空间更新更为有序，通过各部门对街区现状、功能定位、业态集聚、历史文化等方面加以全面把握，勾勒空间规划的总体秩序；对专业机构吹哨，是为了让空间更新更加科学，让专业的人做专业的事，确保每一处空间面貌都得到合理的设计与恰当规划；对社会公众"吹哨"，是为了让空间更加人性，最大限度汇聚民意民情民生，让城市空间成为聚合人心的重要力量。

二是"吹好社区哨"，在社会有序更新中不断实现人民对美好生活的向往。

党的十九大报告指出，我国社会主要矛盾已经转化为人民日益增长的美好生活需要和不平衡不充分的发展之间的矛盾。在城市有机更新的过程中，需要化解社会矛盾，维护社会安全，补齐发展短板，不断满足人民的美好需求。在实践工作中，城市更新常常跟社会成员邻里关系的变更、生活方式的调整以及生计模式的转变紧密地联系在一起，尤其是对于各种异地搬迁的社会成员来说，如何继续其生活的绵延性，确保社会更新不造成不良社会后果是必须考虑的问题。毫无疑问，直面社会更新问题的载体是迁入地所在社区。这些社区既要充分发挥自身职能，做好社会更新中各类成员的调适工作，又得做好"吹哨"工作，将一切可用的力量汇聚于社区。首先要围绕关键问题"吹哨"。住房产权问题、就业问题等都是群众高度关心的关键性问题，社区通过"吹哨"让职能部门、社会组织等介入其中，最大限度降低社会矛盾，解决公众问题；其次要围绕长远发展"吹哨"。如何调整居民的生活方式，促进居民之间的良性互动，构建长效化的和谐关系，都需要多方力量的参与介入；最后要立足增益社会资本总量"吹哨"。社会资本是一个场域内社会关系联结的总和，对凝聚社会共识、促进社会和谐大有裨益。

三是"吹好企业哨"，在产业有序更新中增进人民福祉。

城市更新的第三个重要维度是用更符合城市功能定位的产业替代原有产业，实现产业的更新升级。对北京而言，就是要以首都功能定位为准绳，打造高效、集约、绿色的产业生态，在改善人居环境中增进人民福祉。总的来看，实现城市产业更新的关键在于能否吸引一大批"高精尖"企业稳定经营和持续发展，这就要求企业可以成为"吹哨"的主体，即企业通过"吹哨"，呼吁营商环境的优化及企业负担的降低，促成良性发展。一方面企业要"吹响政策服务哨"，让企业有呼吁、政府出政策、人民得实惠。通过"吹哨报到"的形式，解决项目审批、工商税务、人力资源、资质评估、税务法务等一系列公共服务性问题，解决企业发展的后顾之忧，让市场更好地对接人民生活的便利性；另一方面企业要"吹响环境营造哨"，让企业得人才、政府创环境、百姓更幸福。营造出能够吸引创意型人才的创新氛围是"高精尖"企业发展的重要基础。按照特定企业类型发展的要求和方向，通过空间营造、景观设施、生活保障等措施，助力企业园区成为真正的创新之区、创业之区、创造之区，最终让老百姓在产业升级中感受到人居环境的改善。

"街乡吹哨、部门报到"是北京基层践行以人民为中心的发展理念的最新实践，是北京社会治理和基层治理领域的一项重要创新。下一步，随着此项工作在全市及全国范围内深入地推开与推广，相关运行机制和管理体制已经走到了同步完善、配套保障的更高阶段，在未来的改革实践中需要精准把握"三个导向"。

一是"价值导向"。"吹哨报到"需要进一步把握为人民服务的规律，将"为了人民、依靠人民、发展成果由人民共享"与城市有机更新更充分地整合起来，顺势而为、乘势而上。

二是"实效导向"。"吹哨报到"需要进一步探索为人民服务的方法论，将人民群众对美好生活的向往与城市更新中的高质量发展更有机地集合起来，明确重点，突出实效。

三是"利益导向"。"吹哨报到"需要进一步满足人民群众多样化多层次的需求，将人民群众最关心最直接最现实的利益问题与城市精细化管理更密切地融合起来，群策群力、多元共治。

总之，以人民为中心的"街乡吹哨、部门报到"要充分地将其与基层治理的实际工作结合起来，与首都发展的深刻转型结合起来，与区域协同的国家战略结合起来，准确把握市民便利性、宜居性、安全性、公正性、多样性的新需求，在空间更新、社会更新、产业更新等领域吹好"街区哨""社区哨"和"企业哨"，最终在城市有机更新中实现留白增绿，增加便民设施，补充发展短板，完善职住平衡，预留发展空间，努力让人民群众感受到更加充实、更有保障、更可持续的获得感、幸福感和安全感。

［尹德挺，中共北京市委党校（北京行政学院）社会学教研部主任、教授；营立成，中共北京市委党校（北京行政学院）社会学教研部讲师、博士］

人民有所呼　政府有所应

乔银娟

"人民有所呼、政府有所应",是北京市探索"吹哨报到"综合治理工作机制中的重要理念。人民有所呼是群众的呼声,政府有所应是政府给群众立马付诸行动的回应。西城区是首都核心区,肩负着重要的职责使命。在吹哨报到改革中,要认真贯彻习近平总书记以人民为中心的发展思想,坚持以群众需求为导向,着眼办好百姓家门口的事,积极回应群众关注的"难点""痛点""热点""重点"问题,不断增强人民群众的获得感、幸福感、安全感。

一　树立民本理念,满足人民需求

"吹哨报到"改革举措生动地体现以人民为中心的发展思想,做到老百姓关心什么、期盼什么,就要抓住什么、推进什么,尽心尽力为群众办实事、办好事、办好身边的事,实现人民有所呼,政府有所应。为落实"七有"要求,更好地满足群众"五性"需求,我认为要树立以下理念:

1. 善治理念(即"好、有效、最佳"的治理,简单说是政府、市场、市民对公共生活的合作管理)。在"吹哨报到"改革中,要积极构建党组织统一领导、各类组织积极协同、广大群众广泛参与的基层治理体系,使执政党、政府、市场组织、社会组织、居民达成一种理想状态并确立一种最恰当、最和谐的关系,最终形成"兵团作战",实现共建共治。

2. 服务理念。只有确立"百姓的事就是我们的事"的政治品质和服务意识,才能真正把服务作为一种政治责任、一种价值追求和一种工作方式。在"吹哨报到"改革中,要进一步增强人民政府为人民的意识,心里要装着群众,思想和感情上真正融入群众,办事情、做决策才会尊重群众，考虑群众的承受能力，从而贴心地为群众服务；在服务内容上，从"民生"导向发展为"民主、民生、民权"导向，以民生导向的服务除了解决覆盖不均衡、服务不够专业化和多元化问题外，更为重要的是要使服务成为体现和保障民主、民生、民权的过程，不断探索建立一套服务群众的响应机制，解决好群众身边的问题。

3. 绣花理念（即精细理念）。习总书记提到，"城市管理应该像绣花一样精细。"讲"绣花"，关键是一个"绣"字，眼要准，活更要细，针针都要绣在实处。在"吹哨报到"改革中，以精准对接群众需求为落脚点，要细针密缝、抓铁有痕，才能避免"遍撒胡椒面儿""手榴弹炸跳蚤"等现象发生。"精细"，要从大处着眼，从小处着手，落细落小，细致入微，抓好关键环节和重要节点，提高精细化水平。

4. 智慧理念（即互联网+政务服务）。在"吹哨报到"改革中，要充分利用互联网、大数据、智能化等信息技术平台，借助微信、微博、QQ、群防群治 App 等工具，把群众所需通过"键对键"的方法进行处理，最大限度地运用"在线咨询、网上申请、快速送达"网上办公方式，基本实现服务事项网上办理全覆盖。同时要健全"传统+现代""线上+线下"相互配合、协调融贯的组织体系，实现"让数据多跑路、让群众少跑腿""一趟不用跑、最多跑一趟"，充分发挥"12345"群众服务热线作用，接诉即办，打通服务群众的"最后一公里"。

二 完善制度机制，保障人民权利

在"吹哨报到"改革中，要强化人本理念，就是要力求做到把一切为了人民作为出发点和落脚点。那么，如何保障人民的呼声？

1. 切实保障人民的各项民主权利。在"吹哨报到"改革中，通过落实和完善建立健全民主选举的规章制度、决策制度及灵活运用民情恳谈会、事务协调会、工作听证会和成效评议会等载体，保障人民的选举权、知情权、监督权、参与权，营造人人了解、人人支持、人人参与的浓厚氛围，探索形成群众自我管理自我服务的居民自治机制。

2. 充分尊重人民的意愿。在"吹哨报到"改革中，要始终围绕人民的根本利益和意愿展开，畅通群众利益表达渠道，上门走访、开设各种论坛、建立民情信息站等形式，了解民情，掌握民情，为群众解疑释难，密切党和群众的联系。建立协商对话机制，真实地反映民情民意。

3. 提升人民的民主参与能力。培育人民意识是参与的关键。在"吹哨报到"改革中，开展多层次、多内容、多形式的教育培训活动，提高人民的文化素质，以促进更多的人积极参与。丰富民主自治的形式和途径，增强人民的民主法治意识和参与人民事务的能力。

4. 建立健全体制机制。创新公共服务发展新机制，调动社会力量参与公共服务的积极性，通过合作、委托、承包、采购等方式，撬动社会资本参与公共产品和公共服务供给。建设公共数据平台和统一共享交换体系，打破"信息孤岛"，以数据共享促进流程优化、业务协同，提高政务服务便利化水平。

三　提升素质能力，走好新时代群众路线

在"吹哨报到"改革中，知民、爱民、有呼必应，正是我党执政为民、始终代表人民群众根本利益的具体体现。为保证以上目标的实现，要做好以下工作：

1. 开展"民情"调查，使工作由被动变主动。没有调查就没有发言权，在"吹哨报道"改革中更应如此。因此，在回应人民的呼声、解决群众急事的同时，还要狠下心来，扑下身子，通过新闻舆论、民情调查、意见征集、信访等各种渠道，广泛听取民意，在调查中发现问题，抓住群众关心关切的操心事、烦心事、揪心事，一件小事一件小事地办好，把实事办到群众的心坎上，实现工作由人民有所呼政府有所应的被动局面向政府有所作必为人民想的主动局面转变，体现以人民为中心的发展思想。

2. 突出工作重点，兼顾工作全局。在"吹哨报道"改革中，一方面，办实事，是强调重点突出，看得见，摸得着，做到实实在在解决群众最为关心的热点、难点问题，集中力量、集中财力，做到重点事、重点办，限期解决。另一方面，要在着力解决重点问题的同时，还要关注普遍问题、关系未来长远的一些问题，小众的、个别群体的难点问题。既做普遍长远的事情，夯实社会基础，又做"雪中送炭"的事情，守好社会底线。

3. 提升做好群众工作的能力，做好本职工作。面临群众工作的新考验与新挑战，应提升战略思维能力，善于把握事物发展总体趋势和方向是做好群众工作的前提条件。提升相互沟通的能力，加强相互沟通，是做好

群众工作的桥梁纽带。提升改善民生的能力，紧抓民生之本、解决民生之急、排除民生之忧，是密切党群、干群关系的治本之策。提升利益协调的能力，实现好、维护好、发展好人民的根本利益，是做好群众工作的关键能力。提升化解矛盾的能力，化解社会矛盾，实现社会和谐，是做好群众工作的重要职责。提升廉洁自律的能力，廉洁自律是"为政之本""为官之宝"，是始终保持同人民群众血肉联系的必然要求。

[乔银娟，北京市西城区委党校政治理论教研室主任、教授]

探索基层治理规律，坚持以改革为动力

从"街乡吹哨、部门报到"改革看基层治理之道
——首都党领导基层治理改革的实践探索和理论启示

曾业松

我们中国领导科学研究会课题组承担北京市"街乡吹哨、部门报到"改革的"一号改革课题"以来,认真学习领会习近平同志新时代中国特色社会主义思想以及视察北京时的重要讲话精神,研读市委领导同志讲话以及相关文件和大量资料,先后参加3次调度会,走访8个区,深入32个乡镇57个社区村庄采访座谈,形成了专题研究报告、典型案例分析、理论文章、内部参考等一系列理论和实践研究成果。

全面分析"吹哨报到"改革的起因、过程、具体做法和主要成效。我们认为这是具有中国特色、时代特征、首都特点的超大城市基层治理改革的成功实践。北京市委市政府充分认识到,确保首都安全稳定是第一位的政治责任,基层治理在安全稳定大局中具有特殊重要地位,进而把基层治理改革这个庞大的系统工程作为重大战略部署。改革涉及问题之多、之复杂,改革目标之高、力度之强,汇集资源之丰,取得成效之大,集中体现首都人基层治理勇于改革、善于创新的担当。

"吹哨报到"改革从基层创造到全面推进。通过改革激发体制机制活力,推动传统管理走向现代治理,探索了一条推进城市基层治理、实现治理现代化的新路,同时揭示了党领导城市基层社会治理的基本规律,在理论和实践上都有重要的创新价值和参考借鉴作用。下面我主要围绕改革的实践经验和理论创新,也就是治理方式的改革和治理理论的创新两个方面,简要地谈点研究心得。

一　改革探索了党领导城市基层治理的实践路径

破解城乡基层治理"最后一公里""最后一百米"的难题,是全面深化改革绕不过去的难题。它是实现国家治理现代化的硬任务,也是全面深化改革的一场硬仗。鉴于基层社会治理好比一个斗大的馒头无处下口,很难找到抓手;尤其是长期以来基层管理体制矛盾突出,比如政府部门分割、上下脱节,条条与块块不统一,事权与财权不统一,公共管理与自我管理不统一,等等,以至于党的领导缺少抓手、公共管理和服务落不到实处,村(居)民自治运行不畅。北京市把基层治理作为一项关系全局的重大改革。在具体做法上,形成一整套常态化、精细化、智能化的现代治理思路和治理模式,回答了基层治理改革重点抓什么环节、抓什么内容和怎么抓等问题。特别是以下这些改革做法具有可复制、可推广的意义。

一是"吹哨报到"改革理顺了基层治理的总体思路。通过体制机制等改革,找到了党领导基层治理的实现形式。这里的"吹哨"是指以街乡为单元统一领导基层治理,"报到"就是集中各方面力量行动起来开展基层治理。具体说,就是以街乡为抓手,抓住基层治理中承上启下的关键,把社会治理伸向"神经末梢",融入"毛细血管";从破解难题入手,抓住百姓关注的热点,体验群众的痛点,看准治理的堵点,奔着解决难题去找对策;从体制创新突破,抓住失衡的条块关系、上下关系、权责关系,通过赋权定责使街乡"吹哨"有据有力,通过强能减负使街乡治理工作有能有效。正是这些改革,形成权责清晰、条块联动、合力破解基层治理难题的体制机制,改变了过去"制度空转"、再多执法权解决不了社会治理、刚性任务指标完成不了、严重损害政府公信力的问题。人还是那些人,事还是那些事,但改革前后治理效果完全不同。为推动北京走向善治,打造首善之区,创造了适合超大城市基层治理实际的有益经验。

二是"吹哨报到"改革抓住了基层治理的核心和重点。改革始终把党的领导作为基层治理的主线贯穿改革全过程。各区县根据市委统一部署,构建党政协同的基层治理领导体制,强化街道乡镇党(工)委领导作用,创新党的领导工作机制。特别是将基层党建与社会治理有机融合,通过党建提高党组织的领导力和动员力,吹响了街乡党建引领基层治理的集结号,改变了传统的街乡治理模式。

三是"吹哨报到"改革明确了基层治理的出发点和落脚点。改革始终把群众放在基层治理的主体地位。通过老街坊、小巷管家、"朝阳群众""西城大妈"这些品牌,实现"自己的事儿自己管、自己想、自己做"。把市民和政府的关系从"你和我"变成"我们",从"要我做"变为"一起做",改变了"干部拼命干,群众旁边看""政府买单、群众不买账"的尴尬局面。

二 深化改革要增强党领导城市基层治理的理论自信

"吹哨报到"改革在党领导基层治理的理论问题上,包含着丰富的思想内容,给我们深刻的理论启示。它提示我们:党领导基层治理是实现党全面加强领导的根本任务、推进国家治理现代化、破解新时代基层社会治理难题的客观要求,具有极端的重要性和紧迫性;告诉我们:在基层治理中,坚持党的全面领导是政治原则,坚持人民主体地位是核心价值,坚持共治法治德治精治统一是基本规则,坚持体制机制创新是关键举措;同时引导我们:提升党领导基层治理的水平,必须遵循党领导人民共同治理、科学治理的规律,顺应治理现代化的趋势,适应社会治理实际的需要。鉴于目前部分同志还没有弄清楚"吹哨报到"改革的实质和主要精神,停留在琢磨"吹什么哨、谁来吹哨、怎么吹哨,谁来报到、怎么报到、报到干什么"等具体概念上,或者把"吹哨报到"当个筐,什么都往里面装。我们认为进一步深化"吹哨报到"改革,应当深化理论思考,推进理论创新,增强党领导城市基层治理改革的理论自信和行动自觉。研究"吹哨报到"改革的理论启示,我认为可以概括为四句话,即"党领民治、统领共治、四治融合、引领善治"。这是"吹哨报到"改革实践蕴含的理论创新和思想启迪,也是进一步深化基层治理改革的理论依据和指导思想。

党领民治,回答的是"谁来治理"的问题。明确了党领导人民治理中,人民是主体,党是主导。它体现了我国宪法"一切权利属于人民"的规定,也体现了中国共产党是领导我们事业的核心力量,具有领导一切的执政地位,也揭示了进一步深化"吹哨报到"改革的领导力量和主体力量是谁的问题。

统领共治,回答的是"怎么治理"的路径问题。党组织在基层治理中总揽全局、统一部署、协调各方，"吹"的是总"哨"。政府、社会、公民在党的领导下共同参与治理：政府依法处理社会事务，"吹"的是依法办事的"哨"；社会组织依据规章自我服务和管理，"吹"的是民主自治的"哨"；社区居民有序参与社会治理，"吹"的是公民行使自身权利的"哨"。党组织把不同主体的治理活动整合到一起，把各种治理资源配置到一起，把各种治理功能聚集到一起，确立了"一核多元"、系统完备、科学规范、运行高效的基层治理体系，构建了主导一元化、主体多元化的共治格局。这是"吹哨报到"改革创造的党领导基层治理的实现形式，也是进一步深化改革必须坚持和完善的新模式。

四治融合，回答的是"用什么方式治理"的方法问题。既提出了共治法治德治精治一体化的目标，又提出了治理手段多样化的要求。在这里，"共治"包含着自治，不同地域、不同领域的自治，融合起来就是共治，和中央关于"三治统一"的要求是一致的。"精治"包含治理过程的精细，也包含治理方法的精细，强调北京首善之区基层治理质量的高标准高要求，凸显了"吹哨报到"改革的鲜明特色。

引领善治，回答的是"用什么支撑治理"的保障问题。明确了加强党建是组织保障，信息化支撑是科技保障。党的领导和党的建设是紧密联系、相互促进的。党组织的领导力是党组织建设的综合反映。领导力的强弱取决于党的建设的好坏。从这个意义上讲，党建引领是加强党对基层社会治理领导的前提。科技引领就是运用先进的科学技术改进治理方式。适应信息化发展趋势，"多网"融合发展实现治理智能化已经成为社会治理的迫切要求。"吹哨报到"改革中提出"数字红墙"等管理理念以及一系列信息化融入基层治理的做法，集中体现基层治理在运用科学技术方面的重大突破。

最后，改革是强国之路。就基层治理而言，改革提高治理效率，促进社会进步，带给人民福音。这是动力之所在，也是意义之所在。基层治理改革关乎体制机制的变革、治理方式的改进，更关乎治理理念的创新。北京市"吹哨报到"改革，强调抓基础，突出抓基层，重点抓落实，提升党对基层治理的领导力，无论在实践还是在理论方面都是深化改革的典型。因此，无论是理论工作者还是实践工作者，都应该深耕基层治理科学，把握治理之道。这样，才能更好地调动各层各级和各个方面改革的积极性，推动改革"向上提升""向下延伸""向外拓展""向内聚力"，确保北京基层治理改革进一步深化,党领导基层社会治理的功能和结构进一步优化,党在对基层治理的引领力、决策力、号召力和基层党组织的执行力、动员力及应对复杂事件、化解风险危机的能力进一步提升。

［曾业松,中国领导科学研究会副会长］

"街乡吹哨、部门报到"机制的完善与建议

余凌云

"街乡吹哨、部门报到"是新型化、高级版的联合执法，是中国地方治理探索的有益方式。各区镇街综合执法中心，通过建立统一指挥调度机制、会商协调机制、日常巡查值守机制、执法处置机制、信息共享机制、考核评价机制，有效地整合了执法资源，是在原来"联合执法"基础上的新手段和高级配置。

相较于传统的联合执法，"街乡吹哨、部门报到"模式能够提高执法效率，实现精准式打击。作为联系基层最密切的组织，各区镇街综合执法中心能够第一时间发现问题，统筹、协调各部门执法力量，及时解决。实践中，"街乡吹哨、部门报到"具体还可分为两种模式，一种是积极地吹哨，推进工作地开展。另一种是消极地吹哨，以解决问题为导向。

关于"街乡吹哨、部门报到"在实践中应当重视和完善之处，笔者提出以下意见供参考。

一 机构改革背景下，各区应重点成立几支综合执法队伍派驻区镇街综合执法中心

目前，派驻在各区的镇街综合执法中心的执法力量，大多分散的来自公安、城管、安监、工商、食药监不同的行政执法部门。要从联合执法迈向综合执法，目前由乡镇或是街道搭建的综合执法中心平台，虽然起到组织、统筹、协调的作用，但实质上还是一种汇聚各种执法力量的联合执法。实现从联合执法向综合执法的跨越，重点成立几只综合执法队伍是必不可少的。

在《深化党和国家机构改革方案》中，提出要整合组建市场监管综合执法队伍、生态环境保护综合执法队伍、文化市场综合执法队伍、交通运输综合执法队伍、农业综合执法队伍。各区以此为借鉴，区级层面重点在上述领域成立综合执法队伍，派驻到乡镇或街道，作为镇街综合执法中心的执法力量来源，对既有的派驻在镇街的城管综合执法队伍形成补充。好处在于，可以避免执法力量来源的分散，简化程序，降低统筹、协调难度。相关问题，通过一两支队伍就能解决，也与综合执法的改革理念相一致。

二 "街乡吹哨、部门报到"应与人民群众的需求更紧密地结合

"街乡吹哨、部门报到"应与人民群众的需求更紧密地结合，"哨"要为人民群众"吹"。无论是"吹""执法哨""管理哨"，还是"吹""服务哨""发展哨"，根本宗旨都是全心全意为人服务。

各区镇街综合执法中心，对问题清单的梳理要以满足人民需求为导向，任何组织、领导、统筹的执法活动，最终目的都应是满足人民群众的需求，而不仅仅是"形式主义""面子工程"。因此，对待人民群众的投诉举报，应当像对待领导批示、上级部署、巡查检查发现的问题线索一样重视，要积极"吹哨"。

三 各区镇街执法综合中心的责任定位应明确

目前，各区镇街综合执法中心，主要采用的是各执法机构派驻执法人员的方式，发挥的还是组织、统筹、协调的作用，并非是成立专门的执法大队，由乡镇或街道直接负责执法。由此带来的问题就是，一旦产生执法纠纷，究竟由谁承担责任。

在我看来，各区镇街执法综合中心负责整个综合执法工作。但是具体产生的法律责任情形，应区别对待。如果是具体执法过程中，某行政机构执法人员有过错而引发复议、诉讼，应当由执法机构负责。如果是在统筹、协调层面发生问题，导致综合执法引发问题，应当由各区镇街执法综合中心承担责任。

四　各区镇街执法综合中心的执法权限和程序应予以规定

有些地区的镇街执法综合中心制定了"街乡吹哨、部门报到"重点领域清单，但是并没有对相关的执法权限予以规定，因此关于在哪些领域，由区镇街执法综合中心发挥统筹、协调的作用，目前还是空白。此外，关于区镇街执法综合中心的执法程序，目前有些地区也没有规定，这些还都是不够的。

在我看来，应明确镇街执法综合中心执法权限，或者以任务清单的方式作为相关工作规则的附件，对清单事项要动态调整。对于执法程序，应当明确规定，由于镇街执法综合中心更多地是承担统筹、协调作用，应当规定相应的内部程序。如重点在哪些领域发现问题、如何分派任务、执法处置的注意事项、信息反馈的机制等应分别予以规定。

五　应赋予各区镇街执法综合中心相应执法权威

由于各区镇街执法综合中心本身并没有自己的独立执法力量，虽然由其对综合执法主要负责，但是在"街乡吹哨、部门报到"过程中，可能面临执法权威不足的问题，既包括可能协调不动其他行政执法机构人员，也包括对相对人执法时的权威性不够。因此，赋予各区镇街执法综合中心相应执法权威，有其存在的必要。

在我看来，可以通过以下方式改进。一是建立公务协作机制。建立信息共享、协作配合、联合执法等系列公务协作制度，形成公务协作规范，从而确保各区镇街执法综合中心的执法权威得以体现。二是建立执法考评机制，通过绩效考核、排名的方式，鼓励各部门积极配合街镇的"吹哨"，踊跃投入到执法过程中。三是建立问责机制，对于不服从各区镇街执法综合中心协调的行政机构及其执法人员，追求其行政责任。通过问责的方式，赋予其执法权威。

六 "街乡吹哨、部门报到"中，监管职责要进一步厘清

"街乡吹哨、部门报到"带来的普遍的问题，就是谁来监管？尽管有些地区明确了街道属地监管职责，部门行业监管职责，但是规定过于简单，不利于实际操作。

在我看来，应当确定街道（乡镇）和部门行业共同监管的职责，确保没有监管漏洞和执法真空。具体而言，根据权责清单或者问题清单中的规定，在以街道（乡镇）为主的综合执法行动中，应由街道（乡镇）负责主要的监管职责。以部门行业为主的综合执法行动中，应由部门行业负责主要的监管职责。

[余凌云，清华大学法学院教授]

完善基层行政执法体制的几点思考

王万华

北京、天津等超大城市在基层执法中均面临执法"最后一公里"和"看得见的管不了,管得了的看不见"等问题。"街乡吹哨、部门报到"作为一种解决基层执法难的方式从平谷区逐步推广至北京市各区县。现结合这一制度实施情况及实施效果谈几点看法。

一 制度意义

"街乡吹哨、部门报到"在街道、乡镇、政府职能部门之间建立起机关间的执法协作机制,一定程度上能够缓解基层执法力量不足的问题。

具体而言,街道办事处不属于宪法所规定的行政机关类别,街道办事处的主体地位规定在《地方组织法》第六十八条第三款中,"市辖区、不设区的市的人民政府,经上一级人民政府批准,可以设立若干街道办事处,作为它的派出机关"。所谓派出机关是指人民政府根据业务管理的需要,按法律规定在所管辖区域内设立的代表机关,派出机关作为一级政府的延伸,行使的是政府在该派出区域内的管理职权。由于执法工作具有很强的专业性,街道与乡镇政府通常都没有执法权,我国相当数量的行业行政管理立法将执法权授予县级以上人民政府工作部门,如《中华人民共和国产品质量法》第八条规定县级以上地方市场监督管理部门主管本行政区域内的产品质量监督工作。

因此,"街乡吹哨"不是简单地由街乡将基层治理中遇到的问题线索通报给职能部门,而是由其召集部门集合。即此次改革赋予街乡召集权,街乡"吹哨"后,职能部门要来报到,解决街乡提出的问题。

我国很多行业管理立法将执法权授予县级以上人民政府工作部门,但在县级以上人民政府工作部门之间如何配置执法权限,则不明确。近年来在执法权限的纵向配置上一直强调执法权下沉,即将执法权限配置给基层执法部门,由基层执法部门为主行使执法权。但是,基层执法部门往往囿于编制等问题,执法人员数量一直比较紧张,造成基层执法人少事多,执法很难到位。街乡"吹哨",并与"街巷长"机制相结合,可以缓解基层执法人手配备不够的问题。

二 制度完善

从实施情况来看,"街乡吹哨、部门报到"取得不错的治理效果,如要进一步深入推进,未来还需要考虑完善相应配套机制。

第一,"街乡吹哨、部门报到"是在没有执法权的街乡与有执法权的部门之间建立的共同治理协作机制,需要在现行组织法和行政管理立法关于执法体制规定框架内运行,这就需要与权力清单机制相结合,理清街乡、部门各自的职责,明确各自的责任。街乡属于看得见的机关,但没有执法权,在此种新型协作机制中街乡扮演的角色是"吹哨",出现需要执法予以解决的问题时,仍要由有执法权的部门进行执法。而执法活动作为一种法律法规实施活动,需要遵循职权法定原则,执法中作出的执法决定还很有可能引发后续的行政复议与行政诉讼,会产生被告确定、应诉、责任承担等一系列问题。因此,"街乡吹哨、部门报到"中街乡向哪个部门"吹哨"、哪些事项可以向部门"吹哨"均应以部门具有相应法定职责为前提,不能突破部门的法定职责范围。街乡"吹哨"之后,部门应当遵循职权法定原则,在自身职责范围内履行本部门相应的职责。在履职过程中,部门仍应当符合依法行政原则,在其职权围内采取相应的执法措施,开展执法活动。

第二,完善行政执法平台建设及明确相关流程,建立起顺畅的衔接机制。衔接机制如果不顺畅,本身可能会产生新的问题。所以在"吹哨"与报到之间应完善衔接流程,简化程序,提高衔接效率。

第三,区分事务类型,明确部门可以根据不同情形作出不同的处理,使衔接进一步精细化。需要部门处理的事务本身比较杂,有的需要部门快速到场处理,有的需要研究之后再进一步处理,可以作一些类型划分,作出不同处理。

三　未来发展

一方面，充分利用大数据，街乡精准"吹哨"，部门精准执法，提升基层治理的精准化程度，提高执法效率。一些街道如西长安街已经将大数据与"街乡吹哨、部门报到"机制相结合，实现精准治理。街乡可以利用大数据对需要执法部门解决的问题进行精准预判，提高"吹哨"的准确性。部门也应充分利用行政执法平台，利用执法大数据，精准研判，采取有效的管理措施；街乡、部门也可以充分利用执法大数据，让数据发声，对可能发生的问题进行提前预判，防患于未然，提升治理水平。

另一方面，充分调动社会力量参与，将"街乡吹哨、部门报到"机制打造为基层综合治理的平台。基层面对的问题具体、复杂，有的问题基于历史原因形成，解决起来涉及的因素非常多，有的问题仅仅依靠街乡、部门很难解决。可以"街乡吹哨、部门报到"为平台，将各种社会力量动员起来，参与其中，充分尊重社区居民的意见，采用柔性执法方式，真正实现管理到治理的转型。

[王万华，中国政法大学诉讼法学研究院教授]

深化街乡基层治理组织管理体制的思考

金国坤

"吹哨报到"作为北京市街乡基层治理的改革经验,得到了中央深改委的高度肯定和推广。在全面依法治国的今天,如何固化改革的成果,实现精治共治法治,需要进一步深化街乡治理组织体制的变革。

一 街道办事处的组织属性和管理体制

《中华人民共和国地方各级人民代表大会和地方各级人民政府组织法》规定:"市辖区、不设区的市的人民政府,经上一级人民政府批准,可以设立若干街道办事处,作为它的派出机关。"城市的街道办事处是区政府的派出机关,不是一级政府,没有乡镇人民政府作为一级政府的职权,而是代表区政府在本区域范围内履行政府管理和公共服务职能。

同时,街道办事处作为派出机关,而不是派出机构,又是一个独立的行政机关,可以以行政主体的资格行使职权,并对其行为的后果承担法律责任。

根据职权法定的原则,行政机关的职权是由《中华人民共和国组织法》和《中华人民共和国管理法》规定的。我国《中华人民共和国行政管理法》将行政管理权一般赋予了县级人民政府的职能部门,除法律另有规定外,街道办事处并没有独立的法定行政管理和执法权。

乡镇人民政府作为一级政权机关,与县级人民政府一样,据《地方组织法》的规定,管理本行政区域内的经济、教育、科学、文化、卫生、体育事业和财政、民政、公安、司法行政、计划生育等行政工作。但根据《行政处罚法》第二十条的规定,行政处罚由违法行为发生地的县级以上地方人民政府具有行政处罚权的行政机关管辖,法律、行政法规另有规定的除外。从《中华人民共和国组织管理法》上说，行政处罚的管辖权在区政府的工作部门。不仅街道办事处，而且乡镇人民政府也没有对违法行为的执法权，其结果是街乡有职责而无职权，职责与职权不对等，出现"看得见的管不着，管得着的看不见"的尴尬局面。

二 "吹哨报到"改革并没有改变街乡治理体制

为了解决街乡基层治理受制于条块分割、权责利不统一等问题，针对多年来屡禁不止、屡治不绝的金矿盗采事件，平谷区在金海湖镇率先开展"乡镇吹哨、部门报到"工作试点，要求乡镇"吹哨"后，各相关执法部门必须在30分钟内"报到"。同时，赋予金海湖镇党委对相关执法部门的指挥权，建立了联合执法机制，并要求"事不完、人不撤"。这一做法不仅有效治理了盗挖盗采的违法行为，也为全市破解基层治理"最后一公里"难题探索了新路径。

目前，"街乡吹哨、部门报到"已在全市169个街道、乡镇推进。在此过程中，东城区率先改革街道党政内设机构设置，实行大部门制改革，将街道内设机构从原来"向上对口"的25个科室和4个事业单位，综合设置为"一对多"的"六办一委一队四中心"。按照"区属、街管、街用"的原则，北京市将区职能门执法力量下沉基层，在街乡建立实体化综合执法中心，普遍采用"1+5+N"模式，即1个城管执法队为主体，公安、消防、交通、工商、食药等5个部门常驻1—2人，房管、规划国土、园林、文化等部门明确专人随叫随到。

"吹哨报到"改革实现了机制创新，但并没有改变管理执法体制。街乡建立的实体化综合执法中心，仍然以职能部门的名义进行管理和执法，街乡起到的是组织、指挥、协调和监督的职责，也就是"吹哨"集合队伍，从本质上说仍然是联合执法而不是综合执法。即使做到了城管执法人员隶属于街道乡镇，也只是人事制度的改革，执法主体没有变。真正组建统一的综合行政执法机构，以乡镇和街道名义开展执法工作，是"吹哨报到"下一改革的目标。这就需要从体制上予以突破，建立适应新形势需要的街乡基层治理组织管理体制。

三 立法赋予街乡管理执法主体资格

习近平总书记强调，凡属重大改革都要于法有据，确保在法治轨道上推进改革。在全面依法治国的背景下，"吹哨报到"作为基层治理的一项重大改革措施，中共北京市委、北京市人民政府《关于加强新时代街道工作的意见》提出制定《北京市街道办事处条例》，完善基层治理法规体系，及时将基层创新经验做法上升为政策法规。

根据《中华人民共和国行政处罚法》第十六条的规定，国务院或者经国务院授权的省、自治区、直辖市人民政府可以决定一个行政机关行使有关行政机关的行政处罚权。但《国务院关于进一步推进相对集中行政处罚权工作的决定》曾明确，集中行使行政处罚权的行政机关应作为本级政府直接领导的一个独立的行政执法部门，依法独立履行规定的职权，并承担相应的法律责任。《北京市实施城市管理相对集中行政处罚权办法》也规定了城市管理综合行政执法机关是本级人民政府领导的行使相对集中处罚权的行政机关。区、县城管执法机关负责本辖区相对集中处罚权的行政执法工作。

根据《中华人民共和国行政强制法》第四十四条的规定，对违法的建筑物、构筑物、设施等需要强制拆除的，应当由行政机关予以公告，限期当事人自行拆除。当事人在法定期限内不申请行政复议或者提起行政诉讼，又不拆除的，行政机关可以依法强制拆除。乡镇人民政府作为行政机关，根据《北京市禁止违法建设若干规定》，乡镇人民政府发现正在建设的乡村违法建设，应当责令限期改正和限期拆除，乡村违法建设当事人逾期不拆除的，由乡镇人民政府组织拆除。

街道办事处尽管不是一级政府，但也是一个独立的行政机关，具有行政主体资格，那么，上级行政机关能否将法定的职权授予下级行政机关行使？需要法理上的进一步论证和立法上的进一步明确。

根据《中华人民共和国地方组织法》的规定，地方各级人民政府统一管理本行政区域内的各方面行政事务，并可以设置必需的工作部门。行政机关设置权和职能配置权在政府，法律有特别规定的除外。就行政处罚权而言，《中华人民共和国行政处罚法》规定了由县级以上地方各级人民政府具有行政处罚权的行政机关行使，2015年《中共中央国务院关于深入推进城市执法体制改革改进城市管理工作的指导意见》也体现了这一要求，区级城市管理部门可以向街道派驻执法机构，推动执法事项属地化管理。根据2019年中共中央办公厅、国务院办公厅印发的《关于推进基层整合审批服务执法力量的实施意见》，要求组建统一的综合行政执法机构，按照有关法律规定相对集中行使行政处罚权，以乡镇和街道名义开展执法工作，并接受有关县级主管部门的业务指导和监督。以上规定明确了乡镇和街道办事处的主体地位，可以认为是国务院对街乡行使相对集中行政处罚权的授权。

乡镇作为一级人民政府，根据《中华人民共和国组织法》规定，其职责包括办理上级人民政府交办的其他事项。区政府可以直接将有关基层管理权下放给乡镇。作为街道办事处，需要专门立法规定。北京市在制定《街道办事处条例》时，可以规定街道办事处行使相对集中处罚权，并设立综合执法队。综合执法队由街道办事处领导，并接受有关行政主管部门的业务指导和监督。当事人对街道综合执法队的处罚决定或者管理措施不服的，可以依法向区有关行政主管部门申请行政复议或者直接向人民法院提起行政诉讼。在《街道办事处条例》的基础上，北京市修改了《北京市实施城市管理相对集中行政处罚权办法》，参照《天津市街道综合执法暂行办法》、授权街道办事处综合执法队在辖区内对违反市容、环境卫生、环境保护、市政设施、绿化等城市管理法律、法规规定，以及违法建筑、设摊、堆物、占路等行为行政处罚权和行政强制执行权。对超越处罚权限的，应当移送区有关行政主管部门处理。

中共北京市委、北京市人民政府《关于加强新时代街道工作的意见》要求，除中央明确要求实行派驻体制的机构外，区政府设在街道的机构原则上实行属地管理。在街道建立大部门体制，原来各部门派驻机构基本实行属地管理，构建统一的街道管理执法机构，但也有一部分法定仍然属于派驻机构的，如根据《中华人民共和国食品安全法》，食品安全的监督管理权在县级以上地方人民政府食品安全监督管理部门，县级人民政府食品安全监督管理部门可以在乡镇或者特定区域设立派出机构。对于需要继续实行派驻体制的，也应当建立健全纳入街道统一指挥协调的工作机制，工作核和主要负责同志任免要听取所在街道党工委意见。这样，不仅需要及时清理、修订、完善不符合基层实际和发展需要的地方性法规及政策规定，也要建议中央修改完善法律、法规和政策，为综合执法改革提供制度保障。

［金国坤，中共北京市委党校（北京行政学院）法学教研部主任、教授］

推进"街乡吹哨、部门报到"制度化、规范化

傅 强

北京市"街乡吹哨、部门报到"改革，深入贯彻习近平新时代中国特色社会主义思想和党的十九大精神，以办好群众家门口的事、让群众生活更方便更舒心更美好为目标，坚持党建引领，着力形成到基层一线解决问题的导向，打通抓落实的"最后一公里"，通过对街乡赋权赋责、深化街道体制改革、建立综合执法平台，推动基层治理"重心下移"和行政"条块重构"等一系列创造性举措，破解了长期困扰城市发展、城市治理的难题，完善了基层治理体系，推动了党员干部切实转变工作作风，密切了干群关系，增加了群众的获得感、幸福感、安全感，取得了重大突破和阶段性成果。与此同时，"街乡吹哨、部门报到"机制实施过程中，也产生了一些问题和挑战，亟待从科学化、制度化的角度，进一步完善"吹哨报到"机制设计。

一 "吹哨报到"面临的问题与挑战

(一)"吹哨"泛化

一些街道"吹哨"涉及的事项过多、频率过高、精准度不足，出现"吹哨泛化"趋向。如某街道在一年时间内 25 个事项上"吹"了 103 声"哨"，平均三天多"吹"一声"哨"，过于密集的"哨音"不仅增加了区里执法部门的负担，令其疲于应付，也影响了"吹哨报到"机制解决基层问题的精准度和效果，使一些正需要"吹哨"予以解决的问题得不到及时解决。"吹哨"泛化主要有两方面的原因：一是客观原因。作为规范街道办事处的基本准绳——《街道办事处条例》迟迟未能出台，街道办事处在处

理许多问题时权责不匹配或权责模糊，街道对一些问题要么没有处置权，要么不清楚是否有处置权，只能通过"吹哨"，统一交由上级执法部门处理。二是主观原因。个别街道存在乱"吹哨"现象，对于本属街道职责范围、街道能独立解决的事项，也通过"吹哨"解决，这反映一些干部存在"等""靠""推""拖"的心理，工作作风不实，缺乏担当意识。

（二）"报到"不实

"报到"是冲着问题去的，目的是及时解决群众身边难题，"报到"机制的出发点和落脚点都应该在解决问题之上。但"报到"实践中，对于谁来"报到"、"何时"报到、"报到"后干什么、"报到"达到什么效果等问题，缺乏具体而明确的规范，导致一些"报到"流于形式，存在"慢报到"、坐等"吹哨""人到权不到""出人不出力"、擅自转移责任等形式主义、官僚主义现象，有些时候，部门虽然来"报到"了，但"报到"的人做不了主，回去汇报，然后几个月没下文了，基层治理难题迟迟没有解决，影响了公共管理工作的效率。

（三）"吹哨报到"的参与面过窄

目前，"吹哨报到"涉及的层面主要为区、街（乡）两级机构，对行政力量和社会力量的整合利用存在欠缺。

1. 缺乏区、街（乡）与市级部门的联动响应机制。在解决交通、住建、环保、规划、地下管线管理等社会民生问题的过程中，离开了市级职能部门的参与、支持和配合，光依靠区级职能部门的"报到"，很难实现预期目标，但市级职能部门并不在"吹哨报到"的序列，区、街与市级部门缺乏有效的联动响应机制。无论是街道"吹哨"还是区级政府"吹哨"，都不一定能"吹"到市级部门。同时，街道和区级政府也没有对市级政府的考核评价权，导致街道甚至区里都难以通过调动市里的资源以解决基层治理难题。如地下燃气管线运行一段时间后，必然出现老化现象，存在安全隐患，要有效消除隐患，就必须进行挖掘和修理，但这需要市里公安交通部门、城市管理部门、园林绿化部门等专业管理部门的审批，属地区级政府无权马上就办，即使街道"吹"来了区级部门，也不管用，而街道甚至区里对市级部门没有"吹哨"权，导致一些超出区级政府权限的问题无法通过"吹哨"得以解决。

2. 社区在"吹哨报到"中发挥的作用不明显。社区的社会动员能力、统筹协调能力较为薄弱，动员其他社会力量参与基层社会治理的机制不健全，利用各种社会治理资源进行基层治理的广度和深度明显不足，导致驻区单位和居民等社会力量在社会治理中的十分有限，社会协同、公众参与的程度较低，未能充分体现党委政府联系群众、服务群众的"神经末梢"的地位。

二 推动"吹哨报到"制度化、规范化的建议

（一）规范"吹哨报到"工作流程

1. 严格控制"街乡吹哨、部门报到"机制的适用范围。今年2月，市委市政府通过了《关于加强新时代街道工作的意见》（以下简称《意见》），向街道赋予"六权"，明确街道作为执法主体可以直接开展执法工作，逐步实现"一支队伍管执法"。《意见》的出台，结束了长期以来困扰街道工作的权责不匹配、权责不明的状态，确保基层有充分的权力和更多的资源为群众办事、解决问题，使街道的职能与地位更加清晰，有助于缓解"吹哨"泛化的现象。但要彻底解决"吹哨"泛化的问题，还应严格控制"街乡吹哨、部门报到"机制的适用范围，应明确"吹哨报到"机制局限于着眼解决情况复杂、跨部门、职责不明等难点问题，对于一般的城市管理问题，应通过日常的管理与服务予以有效解决，避免"吹哨"泛化，浪费有限的行政执法资源，提高"吹哨报到"的精准度。建议借鉴石景山区八角街道的"三级过滤"经验，即（网格巡查组）一级日常巡检、快速解决，（城管执法队）二级专业执法、强力解决，（综合执法组）三级综合执法、合力解决。实现层层过滤，每一级将超出能力范围的问题以记录单形式上报指挥中心进行流转，"三级过滤"解决问题。对于经过"三级过滤"仍无法解决的问题，确定需要相关部门配合处理的，启动"街乡吹哨、部门报到"机制。

2. 明确"报到"程序。对谁来"报到"、"报到"时限、"报到"后的职责、"报到"后的效能要求等问题作出具体规定。

（二）拓宽"吹哨报到"层级，实行区里吹哨、市里（部门）报到

依据行政法"整体性治理"理论，政府机构组织间只有通过充分的沟通和合作，达成有效协调和整合，使政策目标保持连续一致，互相强化

政策执行手段，形成行政权力的整体合力，方能有效达到治理目标。[①] 破解城市治理难题，服务群众，完善基层治理结构，提升党建引领基层治理水平，不仅仅是区、乡两级政府及作为区政府派出机构的街道办事处的任务，也是市级各职能部门的历史使命和职责。因此，深化党建引领"街乡吹哨、部门报到"改革，市级职能部门不应置身度外。应加强全市统筹，完善与明确市级部门的联动响应机制，拓宽"吹哨报到"的层级范围，赋予区级政府"吹哨"权，使市级职能部门加入到"报到"的行列，做到"区里吹哨、市里（部门）报到"，真正做到城市管理力量和执法力量全方位下沉，实现市级职能部门和区级政府的"条块"融合。要求市级部门深入基层，走街串巷，变"坐诊"为"巡诊"，实现与基层及群众的"面对面、心贴心、手拉手"，走群众路线，与群众面对面融合，解决"最后一公里"的问题。

（三）以社区党建为抓手，提高社区党组织的动员能力和统筹协调能力，实现社区治理的社会协同、公众参与

1. 加强社区党组织建设。通过政治理论和业务的学习和培训，抓好社区党组织班子思想建设和党员的教育管理，增强社区党组织的社区治理理念、工作责任感和业务水平，全面提高其社会动员能力、统筹协调能力、创造力，使之成为基层治理中坚强的战斗堡垒，为"吹哨报到"机制在社区拓展奠定组织基础。

2. 实现"社区吹哨、驻区单位报到"，整合运用社区各种社会力量。应完善社区党建、单位党建、行业党建的横向联动机制，以社区党组织为中心，有效组织动员本社区的机关事业单位、企业党组织、社会组织、在职党员广泛参与社区的建设、管理活动，实现"社区吹哨、驻区单位报到"，充分发挥他们的资源优势，共同解决基层治理中的痼疾顽症。

3. 重视社区居民在基层治理中的作用，推动"吹哨报到"机制向社区和居民延伸。首先，推动居民自治协商。运用社区议事会、居民恳谈会、居民微提案等议事平台，共商社区发展大计，凝聚社区居民共识，做到居民的事居民自己议、自己定，增强居民的主人翁意识，激发社区治理的活力。其次，健全"居民吹哨、社区报到""居民吹哨、干部报到"机制，对于居民在上述议事平台所反映的问题，社区和干部应坚持民有所呼

---

① OLLITC, "Joined-up Government: A Survey", *Political Studies Review*, 2003, 1 (1), pp. 34-49.

我有所应，闻"哨"而动，及时向居民报到，尽心尽力为群众办好身边实事。最后，完善基层考核评价体系，将社区居民的满意度作为对社区考核评价的重要指标，并不断扩大其在社区考评体系中的比例和权重，保障居民对基层治理的建议权、参与权、监督权，提升共建共治共享水平。①

（四）强化执纪问责机制，为"吹哨报到"构筑法治保障

执纪问责是"吹哨报到"全局中不可或缺的一环，纪检监察部门应积极发挥职能作用，对于"吹哨报到"改革中慵懒懈怠、玩忽职守、徇私枉法部门和人员进行真督实查，严肃执纪问责，压实政府担当作为的责任，为改革推进提供法治保障。具体应做好以下两个方面的工作：

1. 理顺问责依据。目前问责工作可以适用的依据主要有：《中国共产党问责条例》《中共北京市委实施〈中国共产党问责条例〉办法》《北京市行政问责办法》和《北京市行政执法责任追究办法》，上述四个问责文件虽在问责对象、问责情形和问责方式上不尽相同，但均有一定的局限性，相互之间存在不协调问题：当同一主体同一行为适用不同问责文件时，以及不同主体同一行为适用不同问责文件时，问责对象、问责情形和责任方式均有较大差别，建议市委、市政府在职责权限内，根据上位党内法规和法律法规，对本市的三个问责文件进行修改，去除三个文件间的矛盾冲突，弥补体系漏洞，形成协调一致、结构科学、轻重得当的问责法规体系，为"吹哨报到"改革提供法治保障。

2. 明确问责情形。上述四个问责文件（依据）规定的问责情形大多较为原则，过于弹性，缺乏具体性和操作性，建议针对个别干部在"吹哨报到"改革中出现的不当行为，如"不吹哨""乱吹哨""不报到""慢报到"，坐等"吹哨""人到权不到""出人不出力"、擅自转移责任等，出台专门的解读文件，对之进行明确列举和界定，指出其属于上述问责文件中的哪一类问责情形，以便督促干部在"吹哨报到"中明确行为界限，正确、积极地履职，也便于各级纪检监察机关准确认定应问责行为，对改革进行精准监督，防止执纪问责的简单化、泛化。

[傅强，中共北京市委党校（北京行政学院）法学教研部副主任、副教授]

---

① 参阅王俊《董明慧委员：增加"吹哨报到"中社区居民的考评权重》，《新京报》2019年1月15日。

关于党建引领"街乡吹哨、部门报到"改革三个关键问题的研究与思考

王 清

党建引领"吹哨报到"改革的实质，是党建引领基层治理的体制机制创新。东城区按照"三级管理、五方联动"的思路，作出了新探索，通过"赋权""下沉""增效"，构建了简约高效的基层管理体制；同时通过构建网格化综合监督体系，围绕综合执法、重点工作、应急处置三方面"吹哨"，做到了"一哨一考核""吹哨全留痕"。去年以来，东城区委党校作为区委"吹哨报到"理论宣传组成员单位和系列专题调研智库牵头单位，驻点调研，形成了党建"五个引领"机制、城管执法平台"五化"建设、周末卫生大扫除"五统"工作法、街区更新中的社区治理"八化"经验等系列成果。以下汇报三方面思考和研究成果。

第一点思考是，通过党建引领提高整合资源能力是"吹哨报到"改革的保障。中国共产党的基层组织是中国社会基层治理的领导力量，也是协调各方利益、整合资源的领导核心，这是中国区别于西方国家的根本标志。一方面，中国共产党是按照马克思主义建党学说创立的无产阶级政党，具有先进的政治纲领、严密的组织体系，能够将自身的政治、组织优势转化为治理优势。另一方面，中国社会近代以来一直沿着组织化轨道对基层社会资源进行重新梳理整合，历史和实践证明，只有中国共产党才有能力和优势，实现最有效的组织动员和资源整合。在东城实践中，注重发挥党建"五个引领"作用：第一是发挥区委和各级党组织在把方向、谋大局、定政策、促改革上的引领作用，强化方向引领，做到决策正确；二是通过谈心谈话、召开试点街道领导班子专题民主生活会、党员组织生活会等，突出思想引领，做到高度思想统一；三是结合街道体制改革，调整优化基层党组织设置，创新组织引领，做到有力

的组织推动；四是整合驻地中央、市、区单位及非公企业、社会组织等党组织力量，注重力量引领，做到社会更大凝聚；五是推动街道和职能部门双向考核、区网格化综合监督等一系列机制建设，深化机制引领，做到有序保障。这"五个引领"，为"吹哨报到"提供坚强保障。归纳党建引领实践路径，着力从三个方面发力：一是健全完善城市基层党建体系。城市基层党建涉及区域、单位、行业等方面，只有加强党建才能破除壁垒，突出发挥好市、区两级在顶层设计、指导协调方面的主轴作用。二是强化街道、社区党组织领导核心地位。以提升组织力为重点、突出政治功能，加强街道、社区党组织的全面领导作用，确保党的路线方针政策在基层有效贯彻落实。三是着力推进各领域党建多方联动。对于核心区，协调整合区域中央单位党组织资源，是推动区域化党建的难点，也是重点。党建引领"吹哨报到"改革模式，无疑进行了积极探索，进一步推进了街道社区党建、单位党建、行业党建互联互动，扩大了商务楼宇、各类园区、商圈市场、互联网业等新兴领域党建覆盖，健全了区、街道、社区党组织三级联动体系。

  第二点思考是，坚持文化保护与传承是核心区"吹哨报到"改革的要义。习近平总书记2014年以来四次视察北京、五次对北京发表重要讲话，高度重视历史文化的传承保护，强调"北京是世界著名古都，丰富的历史文化遗产是一张金名片，传承保护好这份宝贵的历史文化遗产是首都的职责"。因此，推动"吹哨报到"改革，一定要做好"文化"篇，就是履行好总书记强调的传承保护历史文化遗产的职责。东城区是首都文化中心区，推进"吹哨报到"改革始终与"文化强区"战略实施同向同行。我们讲"文化"，一般包含两个方面：所谓硬文化，是一种"显性文化"，可以摸得着、看得见的环境文化，也就是物质文化。而软文化，则是一种"隐性文化"，包括制度文化、观念文化和行为文化。在推进"吹哨报到"改革的过程中，注重两个文化建设成为核心区建设的应有之义。比如，朝阳门街道史家社区在"吹哨报到"改革中，一方面抓好"硬文化"建设，注意整合职能部门、专业机构和基金会等力量，打造了北京首家胡同博物馆——史家胡同博物馆，并将其打造为文化的展示厅、社区的议事厅、居民的会客厅。另一方面，要抓好"软文化"建设，打造了社区文化节活动品牌，目前已举办两届，通过走红地毯、设计签名墙、开展"荣誉居民"表彰、"十佳宝贝"评选等活动，强化驻地单位和居民共同体心理归属；成立了胡同风貌保护协会，吸引居民、驻地单位加入，对老民居进行口述史的抢救性发掘，唤醒了乡愁，体现了软文化的最好承载方式。总结史家社区实践经验，我们认为，一是推进街区更新、发展文化产业、完善公共文化服务体系，要发挥好"吹哨"机制作用，盘活硬文化资源、传承历史文脉。二是"吹哨报到"机制建设，一定要不断加强软文化建设，核心是培育文化认同。东城区承载着中华民族深厚的文化底蕴，也承载着中华民族文化渊源的基因，在"吹哨报到"改革中，不断地推进家风文化、社区文化、首都文化、中华文化建设，已成为核心区建设凝心聚力的亮丽风景线。

  第三点思考是，提升社会动员能力是"吹哨报到"改革的关键。坚持以人民为中心的发展理念，增强群众获得感、幸福感、安全感是"吹哨报到"改革的目标，而实现这一目标的关键是要通过改革加强社区治理、提升社会动员能力。南锣鼓巷雨儿胡同，作为北京最古老的胡同，自2014年习近平总书记视察后，通过申请式腾退疏解整治胡同院落环境，取得良好效果。近期，又继续加大腾退力度，将腾退出的空间用于恢复风貌，改善居民生活，让老百姓过上现代化生活。在腾退过程中，加强群众工作，探索了有效的社区治理模式，比如，就腾退院落利用、公共服务织补、环境自治等问题，搭建"公众参与平台"，召开居民、社区、物业、职能部门共同参与的讨论会，循序渐进完善参与机制。同时，挖掘居民自治带头人，培育院委会等自治组织，制定《居民公约》，引导群众有序自治。另外，引入专业团队，通过社区公益项目评选，培育品牌社区社会组织，推进社区、社会组织、社会工作互联互动。在实践中很好地把握了三个重点：一是完善机制。按照"党委领导、政府负责、社会协同、公众参与、法治保障"的要求，完善需求对接、协商议事、成果落实、反馈监督等机制，与"共生院"更新改造模式等结合。二是有序推动。核心区是"四个中心"功能的主要承载区，公众参与必须有序。要通过"摸底、选用、培训、激励、评估、共享"六步工作法，加强群众意见领袖和带头人培育。要引入专业社会组织，设计优化参与技术，引导居民实现自发性无序到自发性有序。三是扩大参与。要积极为居民、驻地单位、企业和社会组织搭建对话平台，坚持共建共治共享。要推进"三社联动"机制，采用公益创投、网络众筹等方式，为社会组织更好利用社会资源创造条件。这些在"吹哨报到"中的新探索、新实践，无疑为推进社区治理模式创新、构建共建共治共享格局提供了有益参考和借鉴。

[王清，北京市东城区委党校常务副校长]

西城区"街乡吹哨、部门报到"的实践与思考

牛艳艳

"街乡吹哨、部门报到"是贯彻落实习近平新时代中国特色社会主义思想和党的十九大精神推出的重要改革举措。2018年2月，北京市委、市政府出台《关于党建引领街乡管理体制机制创新实现"街乡吹哨、部门报到"的实施方案》，着力破解城市基层治理"最后一公里"的难题。西城区委、区政府高度重视，印发了《落实市级党建引领街道管理体制机制创新实现"街乡吹哨、部门报到"任务分解工作方案》，开始了积极探索并取得了一定成效。

作为基层党校，我们一直聚焦区域中心工作的开展，对"街乡吹哨、部门报到"管理机制在基层的实施情况进行了持续的关注。多次组织力量，深入街道和相关委办局，通过座谈交流、案例查访、干部访谈等方式，进行专项调研。今天，我将主要从西城区"街乡吹哨、部门报到"工作机制建设取得的经验、存在问题和思考三个方面进行汇报。

一 "街乡吹哨、部门报到"工作机制建设的基本情况

"街乡吹哨、部门报到"是一项系统改革工程，涉及政府、社会等多层次多部门多系统的管理模式变革和工作体制创新。西城区将"街乡吹哨、部门报到"作为一项重要政治任务进行推进，围绕提升城市治理能力、完善社会治理体系的目标，进行不懈的探索创新，街道和各部门不断协调磨合，在实践中逐步理顺工作机制。

（一）党建引领，创新了协同化联动化的工作模式

西城区各街道坚持把党建引领贯穿"街乡吹哨、部门报到"的全过程，探索创新党建引领基层治理的工作模式。一是梳理问题，科学研判。街道工委着眼把方向管大局，定期召开工委会，对阶段性需要解决的问题进行梳理，对需要"吹哨"的事项进行研判，各个工作一线党支部相继建立，做到整治任务推进到哪里，党建工作就跟进到哪里，确保党的领导坚强有力。二是激活社区，强调参与。各街道建立党组织领导下的居民自治、民意征求、社会参与等机制，让党建引领有抓手、好操作、能持久。三是密切联系，与民共息。各街道通过组织党员亮身份、党员"双报到"、党员干部"进千门走万户"等为群众服务，与群众面对面，听民声解民忧。四是盘活平台，转化优势。充分发挥党建工作协调委员会平台作用，向驻区机关、企事业单位、"两新"组织，地区"两代表、一委员""吹哨"，把党的政治和组织优势转化为社会治理优势，形成区域共治共建共享的工作格局。以西长安街街道为例，街道发挥党建协调委员会作用，向驻区单位"吹哨"共享停车资源，使居民停车更方便。依托"上下贯通、左右联系"的党建工作体系，基层党组织引领作用更加明显，组织力显著提升。

（二）全程留痕，初步形成了分阶段规范化的工作方法

目前，西城区街道都已建立了"三级吹哨、三级报到"的工作机制和流程，初步形成了"部门围着街道转""街道围着社区转""社区围着问题转"的快处理模式，促使群众需求得到更好解决。

白纸坊街道将"街乡吹哨、部门报到"细化为五个阶段，对应建立五项工作机制，即问题清单、研判会商、统筹调度、综合解决、督办考核，逐项说明每个步骤的工作内容和任务，并同步建立日常管理的"街乡吹哨、部门报到"机制，从"吹哨"申请、到记录部门"报到"签到、征求意见，再到整体工作完成后的总结，环环相扣，顺次推进，实现了全程留痕、流程化管理，提高工作运行规范化水平。广安门内街道着力加强社区和街道层面横向纵向联动，形成分级处理机制。街道将"街乡吹哨、部门报到"工作要求与"街巷长"工作机制有机结合，构建了14个片区组长、76名街巷长、68个临时党支部和街巷理事会的街巷治理机制。街巷长经常到街巷巡查，发现地桩地锁、堆物堆料、占道经营后，作为街巷临时党支部书记"吹哨"，及时组织在临时党支部内的城管队员、派出所

民警、社工、党员骨干等，研究对策，靠前做工作，能做通的就做通，不能做通的报给片区组长，片区组长再"吹哨"，在街道层面协调，开展集中清理整治。之后，街巷长和临时党支部成员、街巷理事会成员做好日常巡视、长效管控工作，确保及时发现、及时制止。

（三）创新思维，形成了个性化有实效的管理手段

西城区各街道在推进"街乡吹哨、部门报到"的过程中，结合实际情况，积极创新思维，进一步理清了"哪些事吹哨、由谁来吹、重点吹什么"，明确了日常工作中"社区吹哨，科室报到"，做到常"吹"、"吹"响，强调"街乡吹哨、部门报到"做到慎"吹"、"吹"实。

广安门内街道针对开墙打洞、占道经营、环境脏乱、路边乱停车、交通拥堵、夜间扰民等多个问题，总结出"十步工作流程"，即宣传动员、入户调查、一户一档、立案查处、行业认定、制定方案、联合执法、重点整治、全面实施、后期管理。"十步工作流程"基本涵盖了需要解决问题的所有工作步骤，形成了顺畅的工作机制，对加强日常巡查力度，建立长效管控机制，推进治理后管理起到了积极作用。什刹海街道强调要做到"四个实"：一是平台建设实，建立实体化综合执法平台。二是力量下沉实，"吹哨"后，委办局能够立即响应，并指派专人负责处置，发挥好专业执法力量，切实解决问题。三是责任传导实，与委办局、科站队所签订责任书，重点工作任务推进表，明确领导和具体负责人、时间及工作开展进度，层层压实责任。四是机制运行实，建立健全督查督办、统筹协调、日常管理、分级会商、考核评鉴等各项机制，逐步形成了发现、"吹哨"、"报到"、指挥、处置、督办"六位一体"的运行模式。

（四）问题导向，破解了一批反响大的重点难点问题

"街乡吹哨、部门报到"使基层直接面对困难问题的干部有了解决问题的能力和权力，从根本上解决过去"看得见的管不了，管得了的看不见"问题，确保属地责任与权力匹配，实现权责对等。同时，"街乡吹哨、部门报到"使各专业部门、执法力量下沉到街道一线，紧贴需求，遇到问题迅速反应，提高了解决问题的效率。

"街乡吹哨、部门报到"解决了一大批长期待解决而没有解决的难题，办成了一大批群众很期待、政府很想办而没有办成的大事。广安门南街36号原是一处锅炉房，自2006年起，承租人在锅炉房所在小院内建起

了 16 间房屋，开始了违规出租，存在很多安全隐患。相关科室曾多次走访承租人进行劝解，但由于牵扯利益原因对方一直不予配合。针对这一情况，街道采取"吹哨"行动，协调城管科、城管执法队、安全生产办、环境整治办和派出所等部门，前期组织专题协调会制定拆除工作方案，并先后 6 次约谈当事人进行政策宣传。最终于 2018 年 4 月 17 日，街道联合西城公安分局、城管委规土局、城管局等部门，顺利将这处困扰了周边居民生活十余年的违法建筑进行了拆除。什刹海街道在周边环境整治中，通过"吹哨"依法关停和拆除环湖酒吧 22 家，拆除景区违法建筑 7280 平方米，拆除违规广告牌匾 625 块，清退 6 家酒店违规占用的绿地。多年碰不得、拆不动的违法建设，如今多个执法部门齐出动，半天时间就拆个干净。西长安街街道在和平门社区环境整治提升工作中，依托"进千门走万户"社区开放日活动，发放"致居民的一封信"二千六百余封，收集居民意见两百余条，协调区环境办、区园林市政中心、区城管执法局、区交通支队等部门，拆违 2663.84 平方米，安装护窗、护栏共计 5096 平方米，清理绿地垃圾等累计 15500 平方米，共同推进和平门老旧小区治理问题解决。

二 "街乡吹哨、部门报到"工作机制建设中存在的问题

在调研中，我们发现目前各街道在推进"街乡吹哨、部门报到"的过程中，遇到了一些共性的问题。

（一）条块层级联动机制仍显疲软

目前，各街道的"街乡吹哨、部门报到"已经实现了街道系统内部的有效运行，但由于缺少跨层级、跨部门、跨系统的大联动机制，经常出现街道"吹哨"，部门"报到"效率欠佳的情况，部门"你来他不来""腰来腿不来"的情况时有出现。"条条"未下沉至"块块"，涉及北京市级、中央级的属地管理事项，往往由于大联动机制的疲软而一再搁置，进而成为历史遗留问题。

（二）权责归属尚不清晰

实际工作中，有不少问题，由于属地、部门之间的权责归属尚不清晰，导致工作推进过程中往往出现属地责任变成无限责任、主责部门变成

督办考核部门的尴尬局面。例如，个别职能部门，既主管又审批，衍生了一批烂尾工作，管不了了，交由属地管理，主责部门变成了监督部门来督查考核街道。再如，消防安全工作的主责部门应是公安及消防，但实际被考核的却是街道。又如，针对在治理开墙打洞后仍然经营的商户，负责吊销执照的是工商管理部门，街道却仍然要接受此项考核。

（三）考核监督机制尚未发挥作用

目前，"街乡吹哨、部门报到"相关考核监督机制欠缺，特别是对"报到"中所涉及的部门，缺乏有效的约束监督机制。在实际工作中，由于部门重视程度不高、部门工作繁忙等原因，"报到"部门存在"人到权不到"的现象，有的执法部门出人不出力，还有的甚至签到后以其他工作需要为由自行离开。街道在一些难点问题推进过程中，向相关重点单位"吹哨"后，来参会人员无法解答相关问题或无权做出相关决定，大大弱化了"街乡吹哨、部门报到"解决难题的推动作用。还有的单位"报到"存在随意性，频繁调整人员，造成掌握情况不连续，综合执法队伍不稳定，配合的默契程度不够，一定程度上影响了综合执法的实效性。

（四）相关法律法规机制尚不健全

当前，法律法规的制定和完善仍然滞后于经济社会发展，导致街道在落实"吹哨"机制的过程中，经常找不到执法依据，容易遭到质疑乃至承担法律风险。例如，拆除违法建设时间紧，任务重，但又缺少法律法规明文支持，因此，街道无法按照拆违流程进行，经常被迫采取强拆措施，从而带来法律风险。再如，整治开墙打洞工作中，公房不允许经营，私房却可以，由于缺乏明确的条文依据，街道往往对此束手无策。即便是勉强予以解决，由于缺乏具体的可执行的有效依据，不少具体问题的解决难免"隔靴搔痒"、无法根除。

三 完善"街乡吹哨、部门报到"工作机制的建议

（一）亟须健全大联动工作机制

加强顶层设计，探索推动上下联动的统筹协调机制，比如涉及市级层面的问题，建议主管区领导协调解决，涉及中央层面的问题，建议市级领导协调解决。同时，各级建立专项部门，负责"街乡吹哨、部门报

到"相关事宜。这些专项部门主要负责：一是甄别问题，确定具体问题级别和"吹哨"级别；二是对本级或下级所应承担的需"吹哨"问题，指定主责牵头部门，横向要求本级部门或下级部门进行"报到"；三是对需向上一级部门提出"报到"申请的，做好协调沟通，理顺关系，从而解决因历史遗留或涉及中央、市属产权单位时向上"吹哨"吹不动的问题。

（二）亟须进一步理顺关系明确责权

结合政府机构改革，进一步理顺"街乡吹哨、部门报到"的工作机制，形成上下同改、简约高效的工作氛围。一是根据具体问题的性质，明确主管部门和配合部门，避免出现问题空转，问题长期得不到解决。二是建立"两个清单"，即形成问题主责单位清单和配合单位处理问题清单。针对某一具体问题，"吹哨"前明确问题背景、历史成因、现状、涉及部门、单位，"吹哨"后明确谁是主责部门、谁是配合部门，如何配合、明确怎么"吹"、"吹"多少次，为后续工作奠定基础，直到问题解决。

（三）亟须进一步完善考核监督机制

建立健全全流程监察督办机制、双向考核评价机制、追责问责机制和街道工作准入机制。具体来说，一是明确层级职责，赋予街道知情权、管理权、对"报到"部门的考核权等权利。涉及百姓迫切需要解决的难点问题，属地街道牵头负责，各部门要高度重视，切实履行职能，主动担当、积极作为。"街乡吹哨、部门报到"主管部门加强对各职能部门的跟踪督导。二是建立双向考核评价机制，同时对街道和部门进行考核评价，避免形成"谁吹哨、谁负责"等"甩脱背锅"局面，保护街道主动"吹哨"、敢于"吹哨"的积极性。

（四）亟须完善相关法律法规体系

建立健全"街乡吹哨、部门报到"相关法律法规体系，为具体工作提供法律支持和保障。一是健全相关法律制度，主动适应改革发展需要，使老旧小区物业管理等重点难点问题有法可依、得到解决。二是区委、区政府加大"街乡吹哨、部门报到"工作机制的调研力度，定期召开工作分析会，做好顶层设计，形成指导全区"街乡吹哨、部门报到"工作的指导意见，构建"街乡吹哨、部门报到"工作大格局。

"上面千条线，下面一根针"，基本治理千头万绪、任务繁重，西城区的"街乡吹哨、部门报到"仍在党建引领的大旗下不断推进延伸，进一步探索构建简约高效的基层管理体制，把"哨""吹响吹实"，把事儿办稳办好，切实做好"民有所呼、我有所应"。

[牛艳艳，北京市西城区委党校社会学教研室副教授]

推进基层治理体系与治理能力现代化的理论与路径探讨
——基于北京党建引领"街乡吹哨、部门报到"改革的分析

杨 旎

一 传统科层制下基层治理体系与治理能力的弊病

（一）政府内部运行：条块分割官僚行政体制下基层政府责、权、能失衡

在传统科层行政体制下，长期以来，大量财权、事权、执法权、人员与资源分属于各类"条线"上的专业职能部门，而街乡"块"上却被赋予大量基层治理属地责任，"条"与"块"权责的失衡导致了基层治理中"管得着的看不见，看得见的管不着"的普遍"最后一公里"困境，严重影响了基层政府的治理效能。

特别是北京、上海等超大城市的基层治理问题更加综合繁重，破解传统科层制下基层政府责权能的失衡弊病，是推进基层治理体系和治理能力现代化迫切需要解决的关键问题。

（二）外部需求回应：政府基层治理方式与社会需求脱节

在社会事务错综复杂的今天，单一条上的专业部门难以回应社会综合问题，条块割裂与社会综合问题之间的矛盾日益加剧。一方面，由于缺乏强有力的统筹统领力量，联合执法的协调成本、时间成本造成了对社会综合问题回应的效率低效和责任推诿，造成"八个大盖帽管不住一顶小草帽""老百姓最难找的部门就是相关部门"等现象；另一方面，科层制下的权威秩序层级和责任体系，决定了各级部门官员"眼睛朝上看、不朝下看"，导致本应深入群众了解需求、解决问题、开展群众工作的街乡和

社区干部疲于应付各"条线"的行政指令和检查考核，形成了基层行政化倾向。在以"条"考核"块"为主的现实情境下，本应发挥密切联系群众和自治服务作用的社区（村）演变为"准衙门组织"，产生了"形式重于内容、档案重于实效"的错误导向，扭曲了基层工作方式和作风，产生的新型基层"形式主义"，不但使基层干部无法深入了解、引导服务群众，还滋生了部分干部"官僚作风"。脚步走不下去、情况摸不上来，"眼睛朝上看不朝下看"，重视上级考核，领导脸色难看，群众满意度不高。

治理方式与社会需求的脱节，严重侵蚀了国家治理的基础，损害了基层干群关系，不利于夯实党的执政基础。因此，以社会问题和需求为导向，创新基层治理机制体制，加快基层治理现代化已刻不容缓。

二 北京党建引领"街乡吹哨、部门报到"的改革演进逻辑

为打破科层制桎梏，构建基层治理良好运行体系，提升治理效能，北京坚持"以人民为中心""民有所呼、我有所应"的核心价值，以"党建引领"为主线，围绕"解决基层治理难题""打通'最后一公里'"和"建立服务群众响应机制"三个着力点推行"街乡吹哨、部门报到"改革，分别在"吹哨"方面，通过职责清单的确权、赋权保障"吹哨"有依据、有职权、有力量；在"报到"方面，通过综合执法中心、协调委员会、小巷管家、党员双报到等机制的建设，保障"报到"有平台、有机制、有资源；在保障方面，通过街乡"大部制"、考核体系、多网融合、协管队伍、资金支持等手段，实现"吹哨报到"的体系支撑、队伍保障和资金保障。通过坚持"一心"、贯穿"一线"、围绕"三点"、实施"三面"的改革逻辑，探索了党组织在基层治理中政治引领、思想引领、组织引领、能力引领、机制引领的有效路径，对推进基层治理现代化具有重要意义。

（一）地方自主探索阶段

为应对基层执法困境，北京一些街道、乡镇近年来积极摸索创新了多种基层执法机制，为"街乡吹哨、部门报到"改革提供了前期良好经验。石景山八角街道探索通过加强统筹，让党的领导强起来；成立区委城管工

委、与城管委合署办公，重心下沉，让基层力量实起来；改进考核，让考核指挥棒作用发挥出来等举措实现"党建统领，力量下沉"的基层治理模式。

而作为"吹哨报到"的发源地，平谷区金海湖镇则是通过下级"吹哨"、上级各部门30分钟内应急"报到"联合执法的"倒逼"式整改，扭转了"看得见的管不了，管得了的看不见""叫腰腿不来，叫腿腰不来"的基层执法困境。2017年平谷区打破基层治理条框，将执法主导权下放到乡镇，赋予了乡镇领导权、指挥权和考核权，乡镇一旦发现问题，发出召集信号，各相关部门执法人员必须在30分钟内赶到现场，根据职责拿出具体执法措施，"事不完，人不走"，使14年屡禁不止的黄金盗采行为终于销声匿迹。[①]

2017年9月，北京市委常委会决定，将平谷区的经验做法总结提升为"街乡吹哨、部门报到"，并作为2018年全市"一号改革课题"，向16个区选点推广。

（二）制度化试点探索阶段

2018年1月，十二届北京市委深改领导小组第六次会议审议通过《关于党建引领街乡管理体制机制创新实现"街乡吹哨、部门报到"的实施方案》，标志着改革进入制度化试点探索阶段。通过制度化肯定前期街乡的积极探索经验，明确了加强党对街乡工作的领导、推进街道管理体制改革、完善基层考核评价制度、推行"街巷长"机制等14项重要举措；确立了北京全市169个街道乡镇试点，占街乡总数的51%。

截至2018年11月，6项全面实施任务基本完成，主要涉及制定街道职责清单、"双报到"工作、推行"街巷长"机制、建立"小巷管家"队伍、完善基层考评制度和强化街道自主经费保障等。3项试点工作推进顺利，主要涉及推进区政府职能部门向街乡派出机构的管理体制改革、综合设置街道各类机构、科学核定街道人员编制，已有28个街道完成内设机构设置调整。3项试点工作基本推开，主要涉及给街乡赋权、推进社区减负、加强街乡综合执法平台建设，各区均已制定给街乡赋权方案；全市90%街乡已建立综合执法平台。2项试点工作仍需重点攻坚，主要涉及"多网"融合和整合协管员队伍。在探索党组织领导基层治理有效路径、

[①] 朱竞若、贺勇、王昊男：《街乡吹哨、部门报到——北京市推进党建引领基层治理体制机制创新纪实》，《人民日报》2018年12月10日。

解决基层治理难题、切实增强人民群众获得感、幸福感、安全感等工作上取得了初步成效。

（三）深化改革全面推开阶段

2018年11月14日，中央深改委第五次会议审议通过了《"街乡吹哨、部门报到"——北京市推进党建引领基层治理体制机制创新的探索》，标志着北京试点改革获得中央高度关注和充分肯定，进入深化改革和全面推开阶段。深化改革全面推开的特征，一是在广度上，在充分总结试点经验的基础上，对实践模式进行高度总结提升，在全市乃至今后在全国范围进行推广。二是在深度上，从理论层面对如何进一步探索党组织领导基层治理的体系，深化"吹哨报到"改革纵向上的体制机制延伸；三是在时间效度上，如何构建长效基层治理体制体系，推进基层治理现代化。

三 北京党建引领"街乡吹哨、部门报到"改革的创新价值

北京党建引领"街乡吹哨、部门报到"不同于以往基层治理体制机制改革的最大创新价值在于通过"一心""一线""三点""三面"的改革，探索了基层治理体制机制五个维度的突破，为推进基层治理现代化水平做出了理论与实践的重要贡献。

（一）党建作用的突破

此次街乡基层治理体制改革不同以往最大的创新就是"党建引领"。通过充分挖掘，发挥党建的统领、统筹、引导作用。

首先，贯彻了习近平新时代中国特色社会主义思想将"坚持以人民为中心"作为一项基本内涵和精神实质，坚持人民主体地位，将满足人民对美好生活的向往作为终极目标，把党的群众路线贯彻到治国理政活动中，构建了"民有所呼，我有所应"的群众响应机制。特别是丰台区方庄等地通过建立楼栋"微信群"的方式，街乡干部直面人民群众，第一时间发现群众需求，第一时间回应群众诉求。

其次，整合了条与块、政府与社会两大关系。一方面党建为科层制条与块体制障碍的突破提供了唯一的、最有力的第三方统筹整合力量。使得条与块关系能在党建力量的作用下形成合力。另一方面区域化党建、"双

报到"等机制为整合基层治理资源，调动政府外部主体的积极性，构建多元治理主体结构，使政府、社会、公众在治理框架内良性互动，满足基层多元需求提供了富有活力、灵活有效的形式。

最后，捋顺了基层权责、弥合基层治理与需求的缝隙。统一了条与块的决策、执行功能，突破街乡"腿"的执行职能，赋予街乡决策层、监督考核层更多权力，捋顺条块权责能、弥合基层治理与需求的缝隙。

党建引领基层治理突破了以往党在行政体制内的运行方式，夯实了党的基层治理效用，具有深远意义。

（二）条块关系的突破

传统行政体制下"条专块统"的理想状况一直未能实现，特别是在社会事务分工复杂，"块考核条"的现实情况下，基层不堪重负。党建引领的"吹哨报到"改革通过基层执法权、人事权、财政权、考核权、建议权等的"条"与"块"权力关系的重新划分与优化重组，突破了"条""块"的分割关系，"条"与"块"得到整合。

例如顺义等地通过实施"大党建"综合绩效考核评价，以问题为导向、以结果为导向，打破"条块"关系在大党建框架下进行综合考评，倒逼"条块"关系的调整。

（三）驱动力的突破

基层干部的"行政动力"是党和国家行政体制改革过程中需要高度重视的问题。[①] 行政动力是指公共机构和国家组织中，行政人员在行政运作和执行公务过程中的一种行动倾向，是由多元力量有机结合而形成的推动行政管理能动性的价值动力。[②] 传统行政官僚体制下，基层政府行为的驱动力更多的是来源于行政科层体系的内部动力，基层更多是执行上级政府决策。

改革后强调基层政府、基层干部"眼睛向下看"，强调以问题解决和群众需求为导向，强调群众参与和结果评价，使得政府体系外部的社会和群众需求成为基层政府和干部的重要驱动力来源。进一步加强了"以人民为中心"的核心价值的内化。

[①] 蓝志勇、秦强、薛金刚：《党政综合体制改革过程中公务员行政动力问题研究》，《中国行政管理》2018 年第 11 期。

[②] Perry J. L., Wise L. R., "The Motivational Bases of Public Service", *Public Administration Review*, 1990 (3).

（四）权责体系的突破

传统科层制下，权责体系是单向度、自上而下、封闭式、命令—汇报式的运行方式，容易滋生机构膨胀、效率低下、官僚作风、形式主义、文牍主义等弊病。

此次改革尝试传统权责运行体系向更加注重双向度、自下而上、开放式、横向联动的运行方式转变和突破。对扭转基层"衙门化"工作方式、刹住基层官僚作风、密切干群关系、夯实群众基础具有重要意义。

（五）执法平台的突破

根据现阶段城市发展规律和特征，结合城市治理需求，此次改革以构建综合执法平台、推进"街乡大部制"为重要抓手，以街道为区划，以社区为载体，纵向下沉、横向整合，对编制、人员、资源、数据进行整合，突破了以往专业执法的碎片化治理模式，为探索整体性治理模式、构建"整体性政府""无缝隙政府"和简约高效的基层治理体系做出了积极有益的创新。

四 深化改革的思考

基层治理的现代化实质上是权力再分配、治理结构再造和治理能力再提升的有机统一。[①] 随着北京党建引领"街乡吹哨、部门报到"进入深化改革与推广阶段，面对如何进一步推进基层治理体系和治理能力现代化的深刻问题，需从三个层面考虑。

第一，构建结构合理、力量互补的基层治理主体结构体系。针对党、政府、市场、社会、公民的角色定位和功能作用进行体系构建，并依靠这一体系全面提升回应社会需求、处置社会问题、化解社会矛盾、增强社会凝聚力的治理能力。五大主体中，最为关键的是要进一步创新党在基层治理中的作用方式和效用。党的十九大报告指出，加强基层党组织建设"要以提升组织力为重点，突出政治功能"，为基层党组织指明了目标和方向。而组织力主要体现在对各种相关要素进行调配、统合的能力。

第二，深化基层权力的进一步合理划分与优化重组。进一步捋顺街乡

---

① 何丽：《当前我国社会治理现代化的特征与路径探讨》，《地方治理研究》2018年第4期。

与区级职能部门、街乡与社区、区级与市级职能部门之间的职权、职责清单，重点在基层大部制、构建社区事项准入门槛、多网融合等方面深化权力关系改革，促进横向上从"突发事件"向综合管理服务延伸，纵向上从街乡向社区、楼栋、村户延伸的工作，提供治理现代化的体制保障。

第三，加强基层治理规范、标准的制定和现代科技手段的深度融合。重点构建以结果为导向的双向评估响应体系，完善群众满意度评价规范、标准、机制，避免改革过程中个别地方出现"花架子""概念游戏"等问题。切实构建出适合时代特征的现代化基层治理模式。

[杨旎，中共北京市委党校（北京行政学院）公共管理教研部副教授]

下移执法重心到基层 实体化运行两级综合执法中心的实践与思考

东城区委党校、东城区城市管理综合
行政执法监察局联合课题组

推动城市管理综合执法平台实体化运行是东城区落实"街道吹哨、部门报到"的一项重大任务，也是深化街道管理体制改革工作的巩固和延伸，更是加强和创新社会治理，推进国家治理体系和治理能力现代化的重要内容。

为落实"街乡吹哨、部门报到"工作部署，按照《东城区关于党建引领街道管理体制机制创新实现"街道吹哨、部门报到"的实施意见》要求，城管执法局课题组在前期专题调研的基础上，结合东直门、东四、朝阳门三个街道率先实体化运行执法中心的实践，从区街两个层面认真梳理东城区城管领域执法存在的问题，研判分析综合执法中心建设的关键环节。在实体化运行两级执法平台建设的实践中，东城区注重下移执法重心到基层，以实体化、精细化、法治化、智能化、综合化为目标推进执法中心平台建设。

一 主要做法和工作成效

根据《中共北京市委 北京市人民政府关于全面深化改革提升城市规划建设管理水平的意见》（京发〔2016〕14号）关于开展市区街（乡镇）三级执法联动的工作要求，同时依据市城管执法局《2018年北京市城管执法工作意见》搭建市区两级城市管理综合执法平台的工作意见，东城区明确区协调办为区综合执法工作牵头部门，指导街道搭建实体化综合执法平台的要求，做法如下：

（一）以"实体化"为关键，下移执法平台重心

东城区城管执法局认真贯彻蔡奇书记提出的"重在最后一公里的落

实上"的指示精神，按照实体化平台建设的职责分工，从区级层面切实加强与相关部门的协商对接统筹，坚持执法重心下移，助推综合执法平台运作体系实体化的构建。

一是做实区级综合执法平台，强化区级统筹助推下沉力度。根据全市城管协调领导小组成员的具体名单，东城区结合城市管理工作的实际，在区级层面调整东城区城市管理综合行政执法协调领导小组（以下简称区协调领导小组）。组长由主管城市管理的副区长、主管公安工作的副区长兼任，全区58个部门全部纳入成员单位。区协调领导小组下设办公室在区城管执法监察局，由区城管执法监察局局长兼任主任，领导小组的调整加强了区级平台的统筹协调力度，助推执法下沉。

二是做实街道（地区）综合执法平台，执法重心下沉到街道。街道（地区）设立综合执法中心，赋予了街道一定的指挥调度权，推进本辖区综合执法工作。从5个执法部门抽调精兵强将组建综合执法队常驻街道。中心主任由街道（地区）主任兼任，副主任由街道（地区）主管城市管理工作的副主任兼任，中心办公室设在城市管理部（可结合实际指定科室），承担街道（地区）综合执法中心日常工作。执法力量向基层倾斜，一线执法人员数量不低于90%。这为街道搭建了一个综合管理、综合执法的平台，实现管理重心和执法重心的双下移，使"条块结合、以块为主、属地管理"原则真正落到实处，赋予属地部门一定的权利和责任，同时也赋予街道对于综合执法人员的指挥调度权。

三是做实综合执法平台建设方案，引导平台实体运作下沉。东城区主要领导、分管领导多次召开协商会研究做实两级执法平台，并提出平台建设的相关意见建议，在此基础上，东城区出台《东城区落实"街道吹哨、部门报到"推动城市管理综合执法平台实体化运行实施方案》（以下简称方案）。根据方案的工作要求，对平台运作的组织机构、工作职责、执法流程、工作机制等方面逐一落实，方案本身就是能够实体化的范本，从而确保综合执法平台建设有序推进。

综合执法中心将分散于各职能部门的执法权有机衔接起来，实现了执法范围的全覆盖，这些职能部门的整合，实现召之即来、来之能战、战之必胜，也绕开了之前执法重心要下沉基层在短时间内难以改变的体制问题。基层行政执法部门共同组成的实体化综合执法平台，切实下沉基层综合执法重心，推动执法协同工作机制的常态化与实体化。

（二）以"精细化"为导向，细化分工抓好落实

为更好地落实"街道吹哨、部门报到"工作机制，推进城市精细化管理水平，东城城管执法局强化任务落实的过程管理，以"精细化"为导向抓好工作任务的落实。

一是工作内容精细化。东城区制定了《东城区综合执法平台实体化工作职权清单》，梳理出十大类违法情形以及对应的处理执法流程和处置依据。此外，制定了《街道内设机构职责清单（106项）》，持续推进社区减负工作。这些文件梳理了综合执法队的执法权限和相关职权的法律法规，为综合执法队的执法提供了处置依据。工作内容"全权""全时""全管""全责"决定了综合执法不能再像某个部门执法时仅仅期望一时一地的执法效果，而是由突击式、运动式执法向经常性、持续性转变。原来存在个别部门以执法力量不足等推诿的现象，通过联合执法常态化，为下一步转变为综合执法打下良好基础，也为构建权责明晰、执法规范、运行高效的综合执法平台打下了良好基础，进一步提升了城市精细化管理水平。

二是综合执法力量精细化。执法中心的实体化建设和运行需要配优配强执法力量。为确保综合执法平台有人可用，区协调办、区城管执法局配优配强派驻人员，重点保障基层的执法力量，为开展综合行政执法工作、推进"综合执法平台"建设提供了人员保障，实现基层执法队员全覆盖。首先是区级综合执法力量精细化。根据东城区区域的特点，区级执法中心建立健全与公安消防、市场监管、安全生产、环境保护等方面的联合执法机制。在区级层面以区城管执法监察局直属队为主体，从东城公安分局抽调6人，从东城交通支队抽调4人组建东城区综合执法队骨干队伍，对重点区域的城市管理重点和难点问题进行定向精准打击和快速整治，执法力量得到强化，有利于解决城市管理痼疾顽症。其次是街道（地区）综合执法力量精细化。按照"1+5+N"的模式配备街道（地区）综合执法力量，"1"是指以街道（地区）城管执法队为主体，"5"是指从东城公安分局、东城工商分局、东城食品药品监管局、东城交通支队、东城消防支队5个执法部门抽调常驻人员组建街道（地区）综合执法队。"N"是指除6个常驻部门之外的全区20个执法部门作为挂牌单位，挂牌单位要按照"街道吹哨、部门报到"的要求参加街道（地区）组织的综合执法活动。街道进一步精简、优化综合执法队伍，现行的综合执法队队长由街道

（地区）主管城市管理工作的副主任担任，副队长由属地城管执法队长和属地派出所主管治安的副所长担任。

表1　街道（地区）综合执法队常驻人员基本构成

队　长：	主管城市管理工作的副主任					
副队长：	城管执法队队长					
副队长：	派出所主管治安的副所长					
部门	城管	公安	工商	食药	交通	消防
人员数量	全体	2人	2人	1人	1人	2人

综合执法队队长由街道（地区）主管城市管理工作的副主任担任，副队长由属地城管执法队长和属地派出所主管治安的副所长担任。根据街道（地区）辖区的实际，可对常驻部门及人员力量做适当调整，具体由区协调办及街道（地区）协商确定，同时安排适当数量的安全生产专职安全员参与日常巡查和执法辅助工作。

三是考核监督精细化。强化对执法派驻人员参与综合执法的监督管理与考核力度，借助"四网融合"平台，通过聘请第三方对各成员单位综合执法履职效果进行评估，形成第三方考核评价机制。区协调领导小组各成员单位设立联络员，按期上报各成员单位执法职责清单、执法责任部门、网格化责任人的更新情况及"月检查、月曝光、月排名"执法数据，按月公布考核评价及其执法数据的排名情况，在市、区媒体及市、区城管执法局网站向社会进行公开，公开频度、公开内容、公开范围等工作日趋精细化。

（三）以"法治化"为途径，完善基层执法流程

通过营造严管严治的声势开展统一执法行动，东城区牢固树立依法治理的理念，充分运用法治思维解决城市管理的最后一公里问题，切实提升综合执法水平，树立执法队伍的新形象，回应市民群众的期待。

一是执法人员先行学法懂法。综合执法队伍的业务能力是综合执法平台能否顺利运转的关键，这就对执法人员对法律法规的研究、合理运用法律、按照程序执法等方面提出较高的素质要求。东城区协调办组织开展了2018年东城区综合执法培训，全区综合执法人员507人参加了培训，有效提升了派驻队员的综合素质，使常驻综合执法队人员熟练掌握综合执法工作流程，全面了解常驻执法部门的执法事项，打造"一员多能"的综合执法队伍。

二是依法规范两段综合执法流程。加强执法流程规范化建设，全面推行前端统一执法、后端分流处置工作流程。前端统一执法、后段分流处置工作流程及规范具体是：执法人员到达现场后，当现场检查人员2人及以上具有相应执法权时，按执法程序进行处理；现场检查人员只有1人具有相应执法权时，其他常驻单位人员可作为第二检查人，采取暂扣物品等行政措施，履行现场检查程序；现场检查人员均不具有相应执法权，且违法行为属于常驻单位执法事项时，可采取拍照取证、约谈违法相对人到综合执法队接受进一步处理等行政措施，履行现场调查程序；执法人员归队后要按部门职责和法定权限将问题分发给相应常驻单位人员进行立案处置；案件办理终结后报综合执法队队长进行案件归档，相关材料留存备查。后端方面各执法部门依据各自职责进行处罚决定，避免了以往执法主体引用其他部门法规产生败诉案件。

三是利用监督力量促进执法法治化。只有当群众了解城管工作，才能发动群众力量和社会力量参与城市治理，发动群众做到第一时间发现、第一时间上报、第一时间指挥处置。在发挥好专业执法力量的基础上，各街道（地区）执法中心统筹调配使用各类执法辅助力量参与巡查和执法辅助工作。组织群众参与城管执法，让群众了解城管执法的职责、程序和任务，获得群众对城管执法工作的理解和支持，同时组织群众监督城管综合执法工作，让群众能通过网站查询案件的处罚依据、处理结果和各类自由裁量权的规范标准，随时可以反映问题，监督投诉处理的进程，利用外界监督力量促进执法法治化进程。东城区在管控南锣鼓巷周边新生违法建设的工作中，城管执法在协调工作中，通过向居民提醒告知、张贴告知书、发放宣传折页、设置宣传广播、利用"魅力南锣"公众号宣传等多种形式加大宣传力度，使居民广泛了解政策，让群众通过网站查询到反映的问题能否解决，形成了群众之间互相监督的良好氛围，发挥群众监督作用，从而使新生违法建设举报为零。

（四）以"智能化"为手段，打造执法数据系统

东城区充分运用"大数据"技术，利用"互联网+综合行政执法"，从技术层面，采用智能化执法手段解决执法效能问题。通过搭建基于GIS系统的智能化平台，打造集信息上报、系统研判、综合执法、反馈跟踪于

一体的综合化实体平台，能更快捷、更准确地发现城市管理和城市运行中的问题。

一是打造高效联动的运行母系统。母系统由区协调办、区网格中心、街道网格服务管理中心、综合执法队三级联动系统构成，各司其职，高效运行。将采集到的综合执法事项，全部整合到网格化信息系统，进行统一筛选、统一"吹哨"派单，将综合执法环节纳入网格精细化管理闭环，统一反馈信息、统一督办考核，实现多方采集、集中处置、全程流程监管。

区协调办根据区网格中心大数据分析制订阶段性综合执法计划及年度综合执法计划；区网格中心负责全区综合执法案件及市区两级《监管通知单》的收集、整理、派发、监督反馈工作，主要对于受理的城市管理综合执法问题按问题性质进行派发。

街道网格化服务管理中心根据区网格中心的派件和社区发现的综合执法类事项派发给街道（地区）综合执法队进行处置，并回复至街道网格化服务管理中心。

二是打造综合执法信息化的子系统。利用信息化手段打造综合执法子系统，实现与区网格化平台一体化运行。区协调办定期组织各常驻部门参与支持综合执法业务培训工作，确保常驻综合执法队人员熟练掌握综合执法工作流程及熟练应用信息化系统；对群众举报的处置即时录入信息化执法系统；对日常执法数据定期录入信息化执法系统，逐步实现综合执法全过程留痕、执法现场全过程实录、问题处置全过程追溯的执法信息化子系统，同步推进平台信息化建设。

通过完善基层综合执法信息系统的应用，利用大数据为城市治理体系现代化提供必要的决策支撑，对城市不确定事件进行预测和初判，做好风险评估和预防措施，提升预警、预防、预测能力和执法智能化水平。

（五）以"综合化"为手段，党建引领执法成效

在综合执法力量的基础上，东城区在执法手段和法律法规的综合上已取得初步探索，逐步实现综合执法无法可依到有法可依的转变，特别是区级法规和政策的出台，保证了综合执法工作的可操作性。坚持综合执法平台实体化工作与相关工作贯通，推行东城特色"基层党建+网格+执法队"工作模式，充分利用"网上吹哨"，实现线上派单、线下行动，坚持党建引领保障综合执法管理成效。

一是切实加强党的领导。成立综合执法队时同步成立党支部，始终坚持把政治建设作为党的根本性建设任务，切实发挥党建引领作用和党组织的优势，紧紧依靠党支部，确保"吹哨"这项改革任务不折不扣落到实处。2018年10月24日，体育馆路街道城市管理党建驿站举行揭牌仪式。城市管理党建驿站的运行，是突出党建引领、加强党组织对综合执法平台工作领导的一项重要内容，也是服务、管理与执法相结合的一次有益探索。党建驿站建成后将坚持发挥综合执法队党支部战斗堡垒的作用，依靠群众、发动群众，使其成为城市管理法规宣传的前沿、发现问题的眼睛、解决问题的助手、巩固成果的触角，营造"精治共治法治""共建共享共管"的良好氛围。

二是切实加强组织保障。将街道城管执法队的行政执法专项编制转至街道，纳入办事处编制总额，其人员编制、领导职数由街道办事处进行管理。区协调办主动加强与有关部门对接。立足自身职责，积极主动与食药、环保等职能部门及其派驻机构沟通对接，就综合执法平台建设相关事宜交换意见、达成共识，同时积极协同相关部门建立健全联合执法协调指挥机制，形成联动处置机制，进行统一指挥协调、组织开展联合执法工作，逐步实现联合执法的快速响应、无缝衔接。按照北京市机构委员会"执法力量要向基层倾斜，一线执法力量不得低于90%"的要求，东城城管执法局仅保留了9.78%的行政执法编制人员在岗，其余人员按各街道、地区的实际情况进行分配。在分配中，东城城管执法局参考了区级城管执法人员编制配备标准、17个街道执法队人员编制标准、街道基数、面积指标、人口指标、中南海周边三公里指标、重点地区指标、乱点分部指标等。东华门街道作为核心地区，在体制调整中，进行了编制扩充，从28人调整到36人，加强了组织保障。

三是切实严格监督考核。东城区加强对综合执法队人员和派驻人员的日常监督考核，定期对其履职情况进行管理，考核结果纳入区网格中心考核评价体系。街道（地区）对派驻人员的考核会作为这些执法人员表彰奖励、评先评优和职务晋升的重要依据，形成良性激励，对玩忽职守的执法人员严格落实约谈问责机制。

通过深化改革，借助城市管理网、社会服务管理网、社会治安网、城管综合执法网等"多网"融合发展，东城区基本实现城管综合执法专业网格进入网格中心的基础网格，实现一体化运行。区级综合执法平台得到完善，街道综合执法平台得到夯实，机构和队伍建设明显加强，综合执法机制顺畅，执法流程更规范透明。同时，随着综合执法平台的推进，东城区街道综合执法队加大了巡查力度，"96310"城管热线举报量和执法局立案件数对比如下图所示。

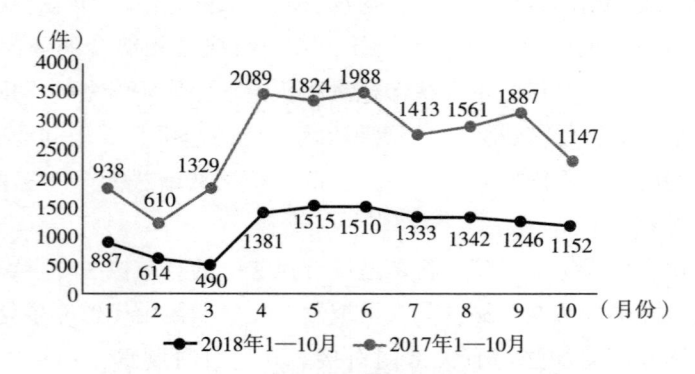

图1 近两年"96310"举报数据对比图

资料来源：东城区城市管理综合行政执法监察局

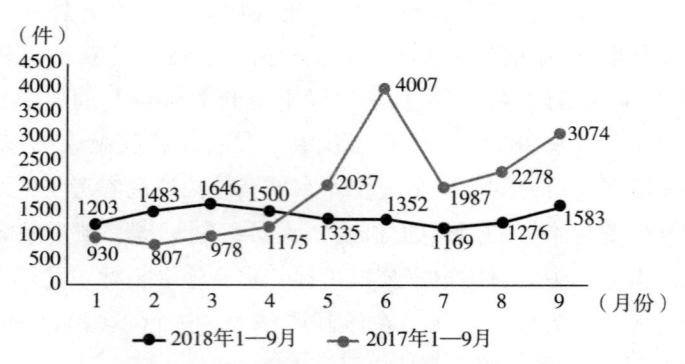

图2 城管执法局近两年立案件数情况对比

资料来源：东城区城市管理综合行政执法监察局

随着街道综合执法队加大了主动巡查力度，进行高限处罚，立案数出现了下降，罚款数上升，举报量下降，群众满意度提升。2017年1—10月，"96310"平台接到举报累计14786件，2018年同期接到举报累计11470件，同比减少了3316件，下降幅度为22.4%，群众举报出现了大幅度下降，反映出人民群众获得感和满意度明显提高，也说明这一举措能有效解决关系群众切身利益的问题。

此外，通过收集最新数据，对比 2017 年及 2018 年 1—9 月同期执法队罚款总额情况，数据显示罚款金额出现了上升，这一方面是因为现行的处罚基本上都是高限处罚，所以罚款金额出现了上升；另一方面也说明相对人的违法成本在增加，执法震慑作用得到增强。

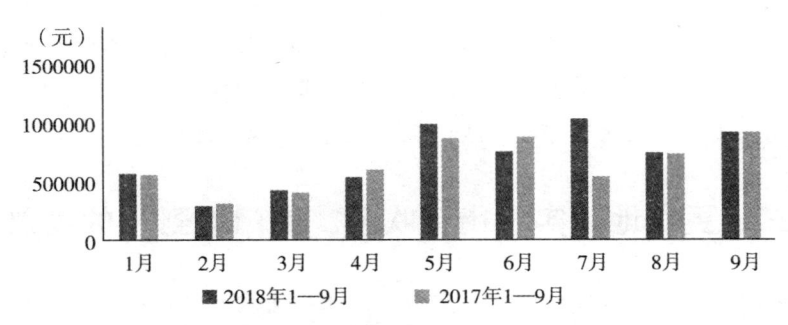

图 3　城管执法局近两年各执法队罚款总额对比图

资料来源：东城区城市管理综合行政执法监察局

二　问题及原因分析

虽然做实了综合执法平台，在街道推进综合执法也有了抓手，提升了街道指挥调度能力，取得了一定的工作成效，但仍然存在一些迫切需要解决的问题。一是尚不能根本实现从联合执法向综合执法的转变。按照《中华人民共和国行政处罚法》第十八条的规定："国务院或者省、自治区、直辖市人民政府可以决定一个行政机关行使有关行政机关的行政处罚权。限制人身自由的行政处罚权只能由公安机关和法律规定的其他机关行使。"按照《北京市实施城市管理相对集中行政处罚权办法》第六条的规定："相对集中处罚权权限范围的确定和调整，由市人民政府决定。"从以上法律、法规来看，目前在区级层面无法实现各职能部门执法权的相互授权，经过对目前法律法规的梳理，也没有可以委托授权的实施条款。因此目前只能实现法律法规的集合运用、执法手段的综合和执法力量的综合，不能实现真正意义上的综合执法。二是尚未明确赋予街道统筹指挥调度权利。由街道统筹调度指挥各执法部门开展综合执法，但并没有对街道办事处进行授权定位，街道只有行政权力，并没有法律法规授予的执法权力。

造成这些问题的深层次原因在于：目前我市城市管理中没有一部城市管理综合执法类的地方性法规。一些兄弟省份对城市管理立法开展了有益探索，形成了地方性法规和政府规章。如 2013 年 3 月，湖北省武汉市正式施行《武汉市城市综合管理条例》，首次以地方性法规的形式明确城市管理范围、细化城市管理标准；2014 年 10 月，《天津市街道综合执法暂行办法》开始施行，为天津市街镇综合执法体制改革提供了全面的政策依据，这些经验值得借鉴。但立法的问题需要从北京市的层面解决，我区目前无法实行，只能从综合执法机制方面进行探索和完善。

三 更好地落实"街道吹哨、部门报到"的建议

深层次的问题要从更高层面解决，但现行体制下针对综合执法面临的职责、统筹和效率的问题，特别对于需要启动吹哨流程的事项，快速解决问题除了需要建立健全综合执法工作各项机制，同时还可从以下几个方面着手改进工作：

一是健全联席沟通机制建设。可以从两个层面来着手。一方面，固化街道（地区）议事会商机制。街道（地区）会商由城市管理部负责召集，依据区、街网格中心大数据分析及区协调办工作计划，通过对辖区的环境秩序问题进行精准分析研判拟定会商内容，通过召开周例会、月会商会、半年及年度工作会，研究执法过程中遇到的重点和难点问题，制定辖区综合执法工作计划，组织开展综合执法活动，加强对综合执法的指导，固化会商机制将有效解决当前面临的问题，同时建立常态化的常驻人员联勤联动工作机制。另一方面，加强区内区外综合执法中心沟通。对于复杂事项要建立解决机制。在区属内各街道之间开展联席会议，确定对重点地区、重点行业开展综合类违法行为的治理，逐步建立权威高效的综合执法机制。对于日常巡查解决不了的疑难问题或需要进行专业性、技术性认定的问题，街道网格化服务管理中心将需要启动"吹哨"流程的事项报区网格中心备案审核后启动"吹哨"流程。综合执法队参照东城区启动"街道吹哨、部门报到"的工作机制标准执行，开展综合执法活动。特别是东城区不能承担的，可以同市辖区和其他辖区共同开展综合执法工作机制的建设，逐步实现城市管理执法工作全覆盖，从点到面逐步推进各街道及各区综合执法一体化发展，强化联动管理，加强权责互补，弥补执法缝

隙，协力整治城市管理中重点难点问题，有效解决行政执法中权力交叉不明晰、责任推诿不作为的问题，全面提升城市品质。

二是提高执法效能建设。切实落实任务闭环管理来提高执法效能。围绕任务落实进行全链条、全方位的摸排分析，建立问题收集、会商协调、事件处理、结果分析、效果跟踪、考核评价工作机制，逐步完善闭环管理模式，综合提升管理效能。

在执法重心下移的同时也伴随着各街道（地区）综合执法组没有固化有效的工作模式，职责不清、职权不明等问题，各街道（地区）综合执法队结合实际分区划片进行定员、定岗、定责，按照执法计划开展日常巡查工作，综合执法队队员对所有城市管理领域的违法事项均有检查权和取证权，承担检查、取证职责，对巡查发现的与群众密切相关、街面常见的、举报高发的、不需要专业技术即可直接处置的问题，按照"前端统一执法、后端分流处置"工作流程及规范进行处置，提高执法效能。

另外，更加充分运用"大数据"技术，进一步从技术层面解决执法效能问题，能更为快捷、准确地发现城市管理和城市运行中的问题，通过数据分析，为高峰勤务模式提供必要的数据支撑，对城市不确定事件进行预测和初判，做好风险评估和预防措施，完善基层综合执法信息系统建设应用，提升预警预防预测能力，通过大数据提高综合执法智能化水平。

三是加强社会治理体制创新。在加强执法中心平台工作建设的同时，要着力研究社会治理体制创新，将"街巷长""小巷管家"工作机制和网格自治紧密结合，组织发动社区居委会力量和社区居民参与胡同治理，进一步整合基层力量，推动形成多元参与、共治共享局面。其一，探索成立社区共治委工作机制。社区共治委由多方参与，包括街巷长、副街巷长、小巷管家和执法部门。在"街巷长"制基础上，东城区龙潭街道创新成立"社区共治委"，形成由社区党委牵头，"小巷管家"、执法部门共同参与的工作机制，居民发现街巷中存在的一些问题后就会及时通过微信群等渠道向街巷长进行反映，由街巷长直接通知到相关执法部门对该问题进行整治，拓宽了反映渠道，解决问题也更直接。其二，深化"街巷长"工作机制，深化"日巡周查月评季通报"机制，加强考核的同时，完善与网格化服务管理的对接机制。其三，进一步明确"小巷管家"的工作职责，建立"小巷管家"与网格中心、平房物业管理之间的衔接沟通机制。扎实推进典型经验制度化工作，不断固化工作成果，开拓城市多元治理的新路径，实现街巷环境的共建共管共治共享。

四是加强党建引领力度深度。街道（地区）综合执法队成立党支部，强化党建引领，以党建工作促进业务工作的开展。其一，强化政治引领。不管哪一级执法中心，都要坚持定期对综合执法需要解决的问题进行梳理和研判，确保执法平台运行不偏。其二，强化组织引领。坚持综合执法任务推进到哪里，综合执法党支部工作就到哪里。其三，强化作风引领。不断发挥党员干部先锋模范作用，党员干部冲在前头，干在实处，形成党政群共同协商、共同参与、共同治理的良好格局。四是强化服务引领。引导各部门强化服务基层的意识，搭建驻区单位和在职党员参与街道社区基层治理的平台，听群众诉求，请群众参与，让群众评判，把群众知晓、群众参与、群众满意度作为工作的出发点和落脚点。在管控南锣鼓巷周边新生违法建设的实践中，交道口街道坚持"服务优先于管理"的工作模式取得良好的效果。

在党建引领下加强综合执法平台建设，是首都城市治理的一项重大改革，直接关系到首都的全面协调可持续发展。东城区正围绕这个目标加强顶层设计，注重改革的系统性、整体性、协同性，坚持权责统一、权责对等，建立完善综合执法各类工作机制，抓实每一个环节步骤，形成任务落实的闭合圈，提升城市治理体系和治理能力现代化水平。

[课题组成员：刘鹏飞、程艳、熊凤平、许杨、邵芸、杜山、申鹏鹏]